O INCONFORMISTA

Rubens Ometto Silveira Mello

O INCONFORMISTA

A trajetória e as reflexões do empresário que fez da Cosan um dos maiores sucessos corporativos do Brasil

Com Aguinaldo Silva

2ª reimpressão

PORTFOLIO
PENGUIN

Copyright © 2021 by Rubens Ometto Silveira Mello

A Portfolio-Penguin é uma divisão da Editora Schwarcz S.A.

PORTFOLIO and the pictorial representation of the javelin thrower are trademarks of Penguin Group (USA) Inc. and are used under license. PENGUIN is a trademark of Penguin Books Limited and is used under license.

Grafia atualizada segundo o Acordo Ortográfico da Língua Portuguesa de 1990, que entrou em vigor no Brasil em 2009.

CAPA Alceu Chiesorin Nunes
FOTO DE CAPA Renato Parada
FOTOS DO CADERNO DE IMAGENS Acervo pessoal do autor (exceto p. 4, abaixo: Cícero Correa dos Santos/ Acervo Cecílio Elias Netto)
PREPARAÇÃO Fernanda Cosenza
REDAÇÃO FINAL Daniel Waismann e Fernanda Buischi (Atelier de Conteúdo) e Virgílio Silva
REVISÃO Luciane H. Gomide e Clara Diament

Dados Internacionais de Catalogação na Publicação (CIP)
(Câmara Brasileira do Livro, SP, Brasil)

Mello, Rubens Ometto Silveira, 1950-
　　O incorformista : A trajetória e as reflexões do empresário que fez da Cosan um dos maiores sucessos corporativos do Brasil / Rubens Ometto Silveira Mello. — 1ª ed. — São Paulo : Portfolio-Penguin, 2021.

　　ISBN 978-85-8285-133-3

　　1. Administração 2. Biografia 3. Empreendedorismo 4. Histórias de vida 5. Mello, Rubens Ometto Silveira I. Título.

21-56162　　　　　　　　　　　　　　　　　　　　　CDD-920

Índice para catálogo sistemático:
1. Biografias 920

Aline Graziele Benitez - Bibliotecária - CRB-1/3129

Todos os direitos desta edição reservados à
EDITORA SCHWARCZ S.A.
Rua Bandeira Paulista, 702, cj. 32
04532-002 — São Paulo — SP
Telefone: (11) 3707-3500
www.portfolio-penguin.com.br
atendimentoaoleitor@portfoliopenguin.com.br

SUMÁRIO

Prefácio   7
Prólogo   11

1. Primeira lembrança   13
2. Minha base   21
3. A origem dos negócios   31
4. Vida nova em São Paulo   46
5. A história da Aguassanta   54
6. Quando se é um inconformista   66
7. Sempre em movimento   74
8. Instinto empreendedor   89
9. O futuro está ali na esquina   96
10. A força da família   117
11. A culpa não é das estrelas   123
12. Salto para a expansão   127
13. Pioneirismo em direção ao mercado   130
14. Laços que me fazem forte   139
15. A guerra dos Ometto   149
16. A expansão da Cosan   155
17. O grande projeto   161

Um agradecimento especial   167

PREFÁCIO

UM RELATO EXTREMAMENTE FRANCO de uma pessoa instigante. Um estilo singular na forma de agir e enxergar a vida. Para os que o conhecem, é uma conversa deliciosa cheia de detalhes, que compõem a sua personalidade e a sua história. Para os demais, uma leitura interessante pela forma como construiu um império econômico formidável, derrubando obstáculos e desafiando regras.

"Nostalgia e saudades" da infância e adolescência na sua Piracicaba, quando reconhecia uma vida feliz. A história dos pés permanentemente pretos de andar descalço sobre a "ferrugem" da cana na usina como metáfora das raízes do futuro sucesso naquela atividade. O bullying dos primos chamando-o de "caipira", pejorativamente. Não sabiam ver no seu caipirismo sinais da matreirice, intuição e simplicidade para enxergar o futuro. Seu interesse pelos estudos e sua curiosidade faziam-no diferente dos demais. Seu entusiasmo em comentar os tempos de Politécnica e a presença constante dos métodos da engenharia de produção na sua vida mostram o acerto da carreira escolhida.

Com o tempo, a curiosidade, a disciplina e os estudos foram construindo convicções e uma personalidade afirmativa, que se provaram inestimáveis para fazer frente a desafios, brigas, tempos difíceis e pessoas poderosas.

A forma como o Binho equilibra o processo decisório entre a base científica e a atitude é, também, digna de nota. O balanço correto desses dois componentes é que faz a decisão bem tomada. Um excesso para qualquer um dos lados pode atrasar o processo ou ser irresponsável. Dito por ele mesmo ao longo deste livro, isso sempre foi bem considerado, com o auxílio de uma forte intuição, um de seus potenciais.

Uma mente organizada e compartimentada, com "caixinhas" para cada problema a ser acessado e equacionado no tempo preciso — é a forma que a Mônica descreve o método do marido em seu depoimento. No entanto, faz parte do "software caipira" um papelzinho no bolso, refeito diariamente, com pendências que vão de pedidos de uma filha a argumentos para serem usados na conversa com o presidente da República.

O desafio atual no mundo dos negócios é enorme. A tecnologia e inovação tornam o futuro cheio de incertezas e mudanças rápidas. Neste ambiente, o conceito dos protagonistas dos vários setores da atividade econômica sobre o Binho é o de ser um empresário moderno. No seu último livro, o professor Yuval Harari alerta para o fato de que "clareza é poder". Aí vemos a modernidade do método do Binho para dissecar um problema até torná-lo claro. De uma forma muito peculiar, traz a simplicidade à discussão, ao raciocínio e à decisão.

Essa maneira de agir é comum no seu dia a dia, por exercício ou pelo jeito de ser. É divertido observar a certa altura

PREFÁCIO

do livro que, ao se aborrecer numa missa interminável, ele elabora um plano de transformação da Igreja católica, falando de meritocracia, metas de número de fiéis, arrecadação para os párocos e, até, fim do celibato. É assim também nas suas conversas descontraídas: escuta muito para, depois, lançar uma bateria de perguntas sobre o assunto tratado, buscando soluções, às vezes inimagináveis, e analisando se há alguma vantagem a ser tirada.

Lendo a história, reconhecemos alguns dos seus negócios nascidos dessas provocações causadas pelo uso dessa prática.

Escolas de administração, consultores e empresários têm se aprofundado no problema complexo das empresas familiares. Sugerem a formação de conselhos e comitês, gestão profissional, acordos de acionistas, mas não é fácil superar os grandes obstáculos criados pelos conflitos e pelas vaidades. Irão perder tempo, porém, se tentarem usar o caso do Binho como exemplo de um herdeiro da terceira geração que se tornou acionista controlador do grupo herdado para formular novas regras de gestão empresarial. Será sempre exceção alguém nessa posição ter garra e competência para vencer duríssimas batalhas e construir um patrimônio maior e mais sólido do que o recebido, e ser exemplo de eficiência e rentabilidade nos setores em que atua.

Para terminar, pela dedicação e firmeza durante todo o tempo, talvez um só capítulo para o depoimento da Mônica seja pouco. Mas não é uma lacuna do livro, pois ela está presente em todos os capítulos.

Tito Enrique da Silva Neto

PRÓLOGO

SOU FUNDADOR, PRESIDENTE DO Conselho de Administração e controlador do Grupo Cosan, um dos maiores grupos econômicos do Brasil, com investimentos nas áreas de energia e logística. Mas quando assumi, éramos um conjunto de usinas familiares de cana-de-açúcar no interior do estado de São Paulo. Como em tantas outras empresas naquela época, a administração ficava por conta de membros da família, que nem sempre estavam preparados para a tarefa. Em quase quarenta anos como homem de negócios, fiquei conhecido por meu estilo agressivo ao adquirir usinas que estavam em dificuldades. Também fui chamado de megalômano ou lunático quando resolvi verticalizar os negócios e expandir nossa atuação para as áreas de logística e distribuição. Não me incomodo nem com a fama nem com os comentários. Recorro sempre ao velho ditado: "A pessoa vê as pingas que a gente toma, mas não vê os tombos que a gente leva".

Tenho consciência de que não saí do zero. Meus antepassados trabalharam muito e fundaram as bases do que o grupo é hoje. Mas sei que foram minha perseverança e minha racionalidade ao não ceder aos apelos emocionais das relações familiares que me permitiram chegar tão longe. Tive desentendimentos com primos, irmãos e até com minha mãe. Mas não me arrependo de nada porque o resultado foi bom para todos. Tenho orgulho de ter contribuído para a profissionalização do setor de açúcar e álcool no Brasil. E arrisco dizer que, se não fosse esse movimento, talvez tivéssemos acabado como muitas usinas que a Cosan comprou, endividadas por má administração e desgastadas por disputas entre herdeiros.

Sou engenheiro de formação e, por natureza, inconformado com tudo o que não tem uma explicação convincente. Sempre quero entender o detalhe do detalhe do detalhe. Se encontro algo com que não concordo, faço o que está ao meu alcance para promover mudanças, mas com a paciência de esperar o momento certo para cada coisa acontecer. Essas características me ajudaram a transformar a Cosan no que ela é. O grupo hoje é formado pela Raízen, uma das maiores distribuidoras de combustíveis do país e maior exportadora individual de açúcar de cana e etanol no mercado internacional; pela Compass Gás e Energia, empresa de geração, comercialização e distribuição de gás natural; pela Moove, que atua no setor de produção e distribuição de lubrificantes; e pela Rumo, maior operadora logística com base ferroviária independente da América Latina. Todas controladas pela Cosan.

Minha trajetória parece às vezes se confundir com a da companhia, amplamente reportada na imprensa. Mas o que nenhuma das matérias jamais revelou foi a minha visão sobre os fatos, os motivos que me levaram a fazer tudo o que fiz e a tomar as decisões que tomei. A biografia que você tem nas mãos é um pouco dessa reflexão. Espero que minha experiência contribua com o desenvolvimento de outras pessoas ou empresas e, claro, que possa divertir você.

1
Primeira lembrança

ALGUNS CRÍTICOS DE CINEMA dizem que *Cidadão Kane* é o melhor filme de todos os tempos, e pouca gente discorda. É sobre um magnata da primeira metade do século XX que se torna poderoso demais, vem a ser pré-candidato à presidência dos Estados Unidos e, por conta de alguns erros em sua vida pessoal, é execrado pela mídia e cai em desgraça.

Ele não chega a perder a fortuna. Mas vive seus últimos dias na solidão de um castelo (chamado Xanadu), com os negócios geridos por terceiros, sem ninguém que o ame e entregue aos cuidados de alguns criados e de uma enfermeira. É ela quem ouve a última palavra sussurrada por ele antes de morrer: rosebud.

Um jornalista encarregado de escrever o elogio fúnebre do milionário vê-se diante do dilema: que diabos é "rosebud"? Ninguém que o tenha conhecido sabe. A vida de Kane é contada através da busca pelo significado dessa palavra misteriosa. Uma busca inútil para os personagens, mas não para quem assiste ao filme. Na última cena, finalmente é revelado o que era "rosebud" para aquele homem que viveu tantos momentos importantes em sua vida pessoal e na história de seu país: o nome do trenó com o qual ele brincava na neve durante a infância pobre; uma lembrança recorrente que o fazia reviver, talvez, seus momentos mais felizes — quando era apenas um menino despreocupado e sem grandes responsabilidades.

Todos temos o nosso "rosebud". E nem sempre ele assinala um momento feliz da vida, como aconteceu com o Cidadão Kane. Pode ser a memória de um instante trágico, tenso, de uma situação de extremo perigo ou desconforto. Mas é sempre um evento que deixa uma marca indelével e nos transforma naquilo que somos quando adultos.

E o que a última recordação do Cidadão Kane tem a ver comigo? Depois de relembrar essa história do filme, certa vez, um jornalista me perguntou durante uma entrevista: "E quanto ao senhor, qual é o seu rosebud?". A primeira lembrança que me veio à mente não foi de um momento feliz, mas de uma situação recorrente em minha infância e que me causava certa angústia: as crises de asma. Essa é a primeira coisa que lembro quando retorno àqueles tempos — uma bronquite asmática muito forte que de vez em quando me acometia aos cinco, seis anos. Uma experiência que ficou marcada em mim e, talvez, tenha provocado as fobias que tenho até hoje.

Nasci numa usina de cana-de-açúcar chamada Costa Pinto, em Piracicaba. Foi onde passei minha infância e de onde guardo as lembranças mais antigas. Eu me recordo muito bem de sair da cama tarde da noite, quando meus pais e meus três irmãos já estavam dormindo, sem conseguir respirar e, mesmo assim, preocupado em não fazer barulho para não acordar ninguém. Caminhava pelos corredores como se procurasse em alguma parte o ar que me faltava. Ia até o quarto dos meus pais, ou dava uma olhada nos meus irmãos, que dormiam.

Nessas caminhadas, tentava me acalmar a todo custo, pois sabia que quanto mais me inquietava, pior ficava a falta de ar.

As crises de bronquite asmática são o meu "rosebud". Afligiram minha infância e me marcaram para sempre, mas não de um modo negativo. A ansiedade que provocavam no menino contribuiu para gerar a energia que hoje move o homem, tanto nos negócios quanto na vida.

Claro que essa não é a única lembrança que tenho dos anos passados na usina Costa Pinto. Morei ali até os catorze anos e, na maior parte do tempo, fui feliz — ou "livre, leve e solto", como se diz agora. Literalmente solto. Naquela época não havia os problemas de segurança que hoje fazem os pais redobrarem os cuidados com os filhos. Eu jogava, inventava brincadeiras, andava por toda parte, sem adulto nenhum tomando conta. Minha companhia eram os outros moleques criados na fazenda e com quem eu também estudava, em geral filhos de trabalhadores.

Fui alfabetizado no Grupo Escolar Professor Santos Veiga, que ficava dentro da usina. Naquela época eu não tinha consciência disso, mas sempre fui muito precoce. Quando ainda não sabia ler, pegava uma revista, um jornal, e perguntava ao meu pai, à minha mãe, insistia com eles: "O que está escrito aqui? Como é que se escreve? Por que é assim e não assado?". Até que um dia meu pai perdeu a paciência: "Esse garoto, com tanta pergunta, já está me esgotando a paciência. Se ele quer mesmo aprender tão cedo, então coloca ele no grupo escolar".

E lá fui eu, com cinco anos, estudar junto com todos os filhos dos funcionários, ali mesmo na usina. Ao meu lado se sentava o filho de um senhor que era copeiro na casa da minha mãe — a mulher dele era a cozinheira. Ele tinha dois irmãos que também foram meus amigos de infância. Era com essas crianças, filhos dos trabalhadores, que eu brincava. Com alguns nunca perdi o contato, mesmo depois de adulto, embora a gente se veja menos. Tem Orlando, Claudio, Luiz Antônio. Um deles ainda trabalha comigo.

Saí da usina Costa Pinto — e posso dizer que de Piracicaba — quando tinha dezesseis para dezessete anos. Apesar da vida "livre, leve e solta" que levava quando criança, sempre gostei de estudar e fui muito bom aluno. Meu sonho era fazer engenharia. Com a intenção de estudar na Mackenzie, eu me mudei para São Paulo. A família da minha mãe era de usineiros, alguns irmãos dela moravam na capital, e fiquei na casa de um deles para fazer o cursinho pré-vestibular no Anglo-Latino. Meus primos faziam bullying comigo, dizendo que eu era muito caipira. Eu ficava bem chateado, mas a verdade é que eu era caipira mesmo.

Naquela época, a Politécnica da USP e o ITA (Instituto Tecnológico de Aeronáutica) eram as melhores faculdades de engenharia do Brasil; para mim, um sonho distante. No Anglo-Latino eu fazia exames simulados que avaliavam os pré-vestibulandos. E comecei a me sair bem, cheguei a me classificar várias vezes em primeiro lugar. Eram quinhentos, seiscentos candidatos, e eu chegava na frente. Comecei a pensar em voos mais altos, em tentar a Politécnica. Fiz o vestibular e passei. Isso me lembra de uma frase emblemática de Bill Gates que, de certa forma, representa essa parte da minha vida: "Seja legal com os nerds. É muito provável que você acabe trabalhando para um deles".

Sempre fui muito bom em exatas, sempre gostei de números. Lidava bem com juros, matemática financeira, cálculo. Também me destacava em química e física. Mas nunca fui bom aluno em português, história, geografia, e dessas matérias até sinto falta. Hoje gosto de ler um livro, de ver novelas e séries, adoro viajar com os amigos e ficar jogando conversa fora sobre esses assuntos. Sinto falta do que, naquela época, não considerava minhas prioridades ou meus gostos principais. Sempre fui focado nas matérias de exatas, e o que aprendi com elas me ajudou muito a encaminhar minha vida.

Somos quatro irmãos. Celso é o mais velho, eu sou o segundo, e na sequência vieram minhas duas irmãs, Celisa e Mara. Fui o primeiro a sair de Piracicaba. Depois meu irmão também veio estudar em São Paulo, fez economia na Mackenzie, Celisa estudou agronomia na USP de Piracicaba e, por último, Mara, que tem quatro anos a menos que eu, veio fazer comunicação em São Paulo. Cada um seguiu seu caminho a partir da adolescência, mas isso não nos separou. Sempre fomos muito ligados, e nosso elo principal ficava em Piracicaba. Eu ia para lá todos os fins de semana. Meu pai mandava me buscar. Como eu tinha aula aos sábados até a hora do almoço, era uma correria. Voltava para São Paulo na segunda-feira de madrugada e já seguia direto para o Anglo-Latino para não perder nenhuma aula do cursinho.

Isso foi em 1967. Fazia o cursinho durante o dia e terminava à noite o terceiro ano científico (hoje terceiro ano do Ensino Médio), porque não queria perder tempo, ficar mais um ano sem fazer o vestibular. Eu era um menino nascido e criado em Piracicaba e agora solto em São Paulo, cuidando da própria educação, e passava dia e noite pensando no futuro. Não tinha carro, andava a pé ou de transporte público. Caminhava do Pacaembu até a Avenida Paulista, onde pegava um ônibus ou táxi para ir ao cursinho, que ficava na Liberdade.

Aquela era uma época conturbada. O país inteiro vivia uma fase de contestação ao regime militar — um ano depois seria promulgado o Ato Institucional nº 5. Mas eu não estava preocupado com a política. Só pensava nos estudos e no meu futuro. E, apesar das manifestações e dos protestos que aconteciam com frequência quase diária, sentia-me à vontade para andar por São Paulo porque, no aspecto da segurança, não havia nem sombra dos problemas que temos hoje.

Fiz o terceiro ano científico no turno da noite do Colégio das Bandeiras, que era menos rigoroso, o que permitia que eu me dedicasse mais ao cursinho preparatório. Eu ia para o colégio a pé, na maior escuridão, e passava ao lado do cemitério. Na primeira noite em que fiz esse trajeto, vi as estátuas de mármore dos mausoléus mais altas que o muro. Um gato soltou um miado pavoroso atrás de uma delas. O susto que levei me fez sair correndo, e só parei quando entrei no colégio. De assalto não tinha medo, mas de assombração, sim.

Sempre fui muito equilibrado e nunca joguei meu tempo fora. Embora os estudos fossem meu foco principal, também conseguia namorar e sair à noite quando tinha que sair. Nunca fui de usar substâncias não legalizadas nem de beber demais, só bebia socialmente. Fazia tudo o que era apropriado para uma pessoa da minha idade, inclusive praticar esportes. Meu amigo Gerólamo sempre lembra que eu conseguia acompanhar tudo o que meus amigos faziam, me divertia do mesmo jeito, mas levando minhas responsabilidades a sério. No terceiro bimestre, eu já tinha fechado nota para passar de ano enquanto eles tomavam bomba. Desde cedo aprendi esta regra e a segui fielmente: quando você organiza a sua vida, sempre terá tempo para fazer tudo.

Tinha meus objetivos e queria atingir todos eles. Mas não porque me achasse predestinado ou alguma coisa assim. Apenas me sentia obrigado a não decepcionar os que tinham confiado em mim, como meus pais e minha família, e nem decepcionar a mim mesmo. Passei a me interessar mais pelos estudos quando comecei a ter as tais crises de bronquite asmática, que me afetavam tanto. Não conseguia dormir? Tudo bem. Às três horas da manhã, aproveitava para adiantar a lição da escola.

Gostava de ir para a escola já sabendo o que iam me ensinar. Essa necessidade de aprender e de saber antes era tamanha que me dava até ansiedade. É um negócio que sempre tive dentro de mim, uma vontade não só de produzir, mas também de fazer as coisas andarem direito. Bob Coutinho, que é meu grande amigo, sempre me repreende por causa dessa ansiedade. Mas explico a ele que não é isso. Quando quero fazer um negócio, quero fazer um negócio. É determinação. Se está marcado um compromisso, então é naquela hora que ele deve acontecer. É comprometimento.

Às vezes, no fim de semana, eu saía de São Paulo para Piracicaba naquela correria já pensando em tirar uma hora e meia para estudar. Ia, curtia a família, me divertia com a turma, porém aquela uma hora e meia de estudo era sagrada. Ninguém precisava me mandar estudar. Era um assunto que ficava na minha cabeça, e é isso que alguns chamam de ansiedade. Quando tinha um problema na faculdade ou no cursinho que não conseguia resolver, eu chegava a sonhar com ele. Ansioso não sou. Mas sempre fui muito determinado quanto àquilo que precisava ou queria fazer, e até hoje isso não mudou.

Apesar das idas a Piracicaba nos fins de semana, minha ligação com a cidade onde passei a infância foi diminuindo com o passar do tempo. Durante a adolescência, meu pai alugava casa no Guarujá para passarmos as férias de janeiro. Em uma dessas idas, conheci Mônica, minha mulher. Nos encontramos algumas vezes, até que um dia eu olhei para ela de um modo diferente. Foi como se a visse pela primeira vez e quisesse vê-la para sempre, pelo resto da minha vida. E disse a mim mesmo: "Vou me casar com essa menina!".

E foi o que fiz. Isso foi no início dos anos 1970. Hoje, a Mônica é a pessoa mais importante da minha vida por mais de mil motivos. Mas quero ressaltar dois motivos pelos quais sou muito grato. A família maravilhosa que ela me deu, com nossas duas filhas, Isabel e Gabriela, que nos presentearam com cinco netos: Pedro Rubens e João Rubens, da Isabel; e Maria Eduarda, Gustavo e Frederico, da Gabriela.

O segundo motivo é seu companheirismo e parceria. Ela está sempre ao meu lado, é meu esteio emocional. São cinquenta anos juntos, e às vezes sinto como se fôssemos uma só criatura.

2
Minha base

A PRIMEIRA VEZ QUE NOS VIMOS era dia de semana, a cidade não estava tão cheia. Eu estava no Guarujá com meu primo e dois amigos, passeando de Ford Galaxie, quando um carro cheio de meninas, saindo da praia de Pernambuco, começou a nos seguir e brincar conosco. Já eram umas dez, onze horas da noite. Não sei o que aconteceu, mas a polícia parou o carro delas. Nós paramos também para ver o que era e, se fosse preciso, ajudar. Um guarda pediu a habilitação da garota que estava dirigindo, viu que estava tudo bem, e os policiais foram embora. Foi a deixa para que as chamássemos para tomar um suco. E elas toparam. Naquela época a gente só tomava suco.

Elas estavam indo até Pitangueiras, mas mudaram os planos. Fomos até um barzinho ali perto e ficamos conversando. Contei que eu era de Piracicaba, mas que morava em São Paulo, ia começar o terceiro ano da Politécnica e só completara vinte anos. Nessa hora, a Mônica me interrompeu: "Não acredito que você está indo para o terceiro ano com essa idade!". Então, tirei a carteirinha da Poli do bolso e coloquei na mão dela. Até hoje, ela diz que eu encaminhei a conversa para esse lado só para mostrar a carteira.

Ela viu que meu sobrenome era Ometto. O pai dela tinha uma fazenda em São Manoel, a quinze minutos da usina da Barra, em Barra Bonita, que pertencia à minha família. Ela me contou que já tinha ouvido falar da usina e "dos Ometto", que nossas fazendas eram próximas. Começamos a conversar sobre essa coincidência e ficamos batendo papo. Até que acabou o suco, e fomos embora.

Nos outros dias, meu primo e meus amigos continuaram procurando a turma dela, se encontravam todos os dias, mas eu nunca ia. Namorava uma menina de Piracicaba e saía com ela. Até que um dia a Mônica perguntou por mim e eles me contaram. Mas eu não fiz nada. Mais alguns dias se passaram — eu estava com a tal namorada —, e encontrei a Mônica com as amigas em um bar. Foi nesse dia que eu a vi de um modo diferente, e decidi que me casaria com ela.

A Mônica fala que foi uma coisa de Deus, que era para ficarmos juntos. Porque pouco depois desse encontro começou a chover sem parar. No segundo dia de chuva, minha namorada se cansou e quis voltar para Piracicaba. Eu não quis, acabamos brigando e terminamos. Então fui encontrar as meninas e convidei a Mônica para sair, só nós dois, sem o resto da turma. E foi aí que começou nosso namoro.

Namoramos mais de um ano. E logo no segundo mês, em março de 1970, aconteceu um acidente terrível. Era noite e estávamos indo a uma boate quando bati o carro. A Mônica se machucou gravemente e teve que ser levada às pressas para o Hospital das Clínicas com o queixo quebrado, sofrendo convulsões. Fiquei muito preocupado. Hoje brinco que foi um estranho presente bem no início do namoro, mas logo recuperei o prestígio junto à família dela e tive que me casar.

Isso acabou sendo um drama menor perto de outro que nos deixou ainda mais unidos: o falecimento do meu pai. Foi de repente, num dia 29 de novembro, começo das férias, em uma pescaria no Mato Grosso. Numa conversa pelo telefone, a Mônica perguntou se podia vir para o sepultamento, ficar comigo e minha família. Respondi que sim, claro, e ela veio, ficou conosco até o Natal. Ela já tinha passado um ou outro fim de semana lá, mas ainda não conhecia muito bem minha família.

Ficou mais de vinte dias hospedada em casa, dormindo no quarto com minhas irmãs, todo mundo de olho, vigiando. Se formos comparar com os dias de hoje, quando os casais jovens têm mais liberdade, parece exagero. Mas, na época, isso não era comum. Tempos depois, ela me contou que nunca se preocupou com o que iam achar, se era intrusa por ficar no meio de um momento tão íntimo da família. Só pensava em cuidar de mim.

Depois passamos mais umas férias juntos na usina Santa Bárbara, perto de Piracicaba. Até que, em junho de 1971, ela terminou comigo. Eu estava muito chato, ela dizia. Anos depois, descobrimos o motivo da "chatice": era o início da síndrome do pânico. Mas naquela época ninguém sabia o que era isso, e nós éramos muito jovens. Ela tinha só dezoito anos. Não tínhamos maturidade para lidar com essa questão. Acontecia de estarmos na praia e, de repente, eu começava a me sentir mal, ficava pálido, suando e sentia que precisava voltar para São Paulo. Íamos embora da praia, arrumávamos as malas na pressa.

Uma menina de dezoito anos não consegue entender esses rompantes. A situação foi se agravando. Para ela, o ápice foi quando eu quis voltar para Piracicaba em pleno Dia dos Namorados. "Agora é assim? Vai comemorar com a mamãe? Então tá bom!" E essa foi a deixa para terminarmos. Não nos vimos durante um ano e meio. Até um dia em que ela me convidou para jantar na casa de uma amiga e disse que me apresentaria uma menina que estava interessada em mim. Achei estranho, mas fui. Quando cheguei, só estavam ela e a amiga, dona da casa. Demorei para entender. Na verdade, ela me explicou que não tinha ninguém para me apresentar. Era ela mesma que estava querendo começar tudo de novo, voltar a namorar. Reatamos e casamos sete meses depois.

Casamos no civil e na igreja que ficava na casa dos pais dela. Tinha uns trezentos convidados, mas sem badalação social. Nenhum de nós dois gostava disso, nem nossos pais. Foi uma cerimônia só para pessoas próximas, com quem convivíamos, amigos nossos e dos nossos pais. Foi perfeito, como queríamos.

Na lua de mel fomos para Miami, Caribe, Disney e Nova York. Eu não falava uma palavra de inglês. A Mônica não era fluente, mas entendia e falava direitinho. Durante a viagem, era ela quem resolvia tudo. Até o dia em que saímos de Nova York. Já estávamos no balcão do hotel pedindo a conta quando fui conferir os números. "Isso aqui está errado! Fala para ele que está errado e eu não vou pagar", eu disse. Mas ela achou que eu estava exagerando e não quis reclamar. "Ah, é? Então fala você. Eu não vou falar, porque estou com vergonha." Acabei pagando, mesmo achando que a conta estava errada, pois não sabia falar inglês e não tinha como discutir com o funcionário.

Mas meu lado inconformista de não querer ser passado para trás estava ali presente, em plena lua de mel. Mal voltamos da viagem, comecei a ter aulas de inglês. Hoje em dia, converso com qualquer pessoa nesse idioma, faço palestras. Não podia ficar dependendo dos outros, precisava saber inglês para argumentar, senão qualquer um poderia me passar para trás. Claro, aquilo foi apenas um *start*, mas começou assim: porque eu não tinha condições de discutir uma conta de hotel.

Logo que nos casamos, fizemos planos de viajar a cada três anos. Mas quisemos engravidar, e a Mônica não conseguia. Já nos primeiros meses de casamento, ela foi ao ginecologista ver se estava tudo em ordem. Fez vários exames, e o médico viu que ela tinha endometriose. Foi bastante difícil, ela chorava muito. Ia aos médicos, fazia vários exames, e eu sempre ao lado dela.

Certa vez, fomos para a Europa com meu tio Orlando, irmão da minha mãe que administrava a usina da Barra. A Mônica estava muito desanimada, vendo as amigas todas tendo filhos enquanto ela nada. Eu também estava triste e até revoltado. Mas disfarçava para ela não se sentir ainda pior. Eu disse a ela: "Quer saber? A gente não tem pra quem deixar dinheiro mesmo, vamos gastar!". Nunca tinha feito isso. Ela conta que uma barbaridade daquelas, dita por mim, parecia um sacrilégio. Não sou de gastar dinheiro à toa. Comecei a comprar muitas coisas para ela, para nós. Eu tinha 25 anos, e ela, 23. Acho que nunca mais eu fiz isso, dizer para ela "vamos gastar, vai comprar o que você quiser". Nunca mais!

Tirando essa viagem, em que tentei fazer do limão uma limonada, ficamos por quase dois anos e meio nesse sofrimento. Até que trocamos de médico, a Mônica operou e, finalmente, conseguiu engravidar. E correu tudo bem.

Viajávamos muito, mas eu sofria porque tinha pavor de andar de avião. Sempre tive. Planejava uma viagem, mas na hora de embarcar tinha todos aqueles sintomas da síndrome do pânico. Ficava pálido, com as mãos frias, era um horror. Quando viajamos para a lua de mel, chegando ao aeroporto, eu disse para a Mônica: "Quanto você quer pra gente ficar? Eu te dou o preço da passagem, o preço dos hotéis, te dou tudo em dinheiro, mas a gente fica aqui mesmo". Essa oferta não fazia nenhum sentido para ela, obviamente, mas eu teria dito qualquer coisa para não precisar viajar. Ela bateu o pé e nós fomos.

Quando trabalhava com o dr. José Ermírio de Moraes na Votorantim, às vezes tinha que ir para o Rio de Janeiro. Ia e voltava de carro e no mesmo dia, porque não gostava de dormir fora de casa. A Mônica achava uma loucura, porque eu chegava exausto. Até que um dia passei por cima de um sinalizador com chamas na estrada, e o carro começou a pegar fogo na parte de baixo, quase deu perda total.

Depois disso, percebi que devia enfrentar meu medo de avião. Não podia deixar que afetasse meu trabalho nem minha vida com a Mônica. A maneira que encontrei para enfrentá-lo foi a mais racional possível: pesquisando e estudando sobre aviões. Passei a entender cada vez mais sobre aeronaves, voos, protocolos de segurança, companhias aéreas. No começo, fiquei até chato com isso. Nós íamos viajar e eu: "Não viajo nessa companhia porque ela não faz manutenção, nem viajo naquela outra porque o avião é velho".

Certa vez, a Mônica e eu fomos para Angra dos Reis num feriado e, na volta, tivemos um problema na decolagem. Era um avião pequeno, estava muito cheio, a pista era curta, e o avião praticamente pulou a cerca. Antes disso tudo, eu já sabia o que estava acontecendo. Falei para a Mônica: essa buzininha que está tocando só toca quando o avião aterrissa, tem alguma coisa errada aí. Ela ficou impressionada, estava vendo que os pilotos suavam em bicas, mas pensando que era por causa do calor. Depois de decolar, a buzininha parou, o avião estabilizou e deu tudo certo.

Com o tempo, o medo foi diminuindo. Hoje em dia, adoro voar. Entro no avião e me sinto como se estivesse na minha casa, na minha sala. Mas tive que resolver sozinho, porque remédio para o pânico só fui tomar quando as meninas já tinham dez anos. Na época ninguém sabia o que era aquilo, muita gente achava que pânico era frescura.

Família crescendo

Quando a Mônica me contou que o teste de gravidez tinha dado positivo, fiquei muito feliz. Passamos nove meses de alegria, sem nenhum problema. Uma noite, depois de jantar na casa da avó da Mônica, como fazíamos todas as terças-feiras, a bolsa dela estourou. Pegamos as coisas, ligamos para o médico, para nossas mães, e fomos para a maternidade. Isabel nasceu de cesariana e foi tudo tranquilo. Um ano e oito meses depois, nasceu Gabriela, que foi muito planejada. O médico nos alertou que Mônica devia engravidar logo, porque a endometriose poderia voltar. Ela não queria de jeito nenhum ter filha única.

Eu e Mônica sempre fomos muito unidos, apegados, inclusive com as meninas. Conversávamos sobre tudo com elas. Nunca tivemos aquele negócio de "isso você não pode escutar, isso você não pode estar junto". Na educação, nos completávamos. Se em uma situação ela não sabia ser firme, eu cumpria esse papel. Quando eu não sabia como agir, ela procurava me dar uma luz. Na maioria das vezes, ela era mais brava que eu. A única coisa com que me preocupava era com doença. A Isabel tinha uma tosse meio crônica até uns oito anos. Com qualquer resfriado, começava a tossir e não parava. Passava noites tossindo. Muitas vezes eu ficava sentado entre o nosso quarto e o dela, de madrugada, a noite inteira. Tinha medo de que ela engasgasse.

Depois, quando elas cresceram, também me preocupava com os namorados. Se estivessem namorando dentro de casa, podiam ficar até seis horas da manhã, enquanto nós estávamos dormindo, sem problemas. Mas se sumiam eu não gostava.

Isabel, a mais velha, é a mais grudada. Toda viagem que fazemos, ela e os filhos embarcam com a gente. Em São Paulo, está sempre presente em nossa vida. Ela é mais família, uma grande companheira.

Assim como Pedro, seu filho mais velho. Acho que também por ser o primeiro — hoje ele tem quinze anos —, é o mais próximo da Mônica e de mim. Também é o que se parece mais comigo nos hábitos e nas paixões, como pelo golfe e por fazendas. Não posso dizer que não me orgulho disso porque seria mentira.

João, dez anos mais novo, é o outro filho da Isabel. Também tem uma forte ligação conosco. É um menino muito carinhoso e sua principal característica é falar muito. É um papagaio. Nos diverte demais.

Gabriela, minha filha mais nova, também nos acompanha algumas vezes nas viagens, mas tem uma vida um pouco mais independente. O sonho dela é ser artista. Acho que, por isso, acabou virando apresentadora de um programa de viagens que vai ao ar pela TV Record. Adora fazer produções em lugares exóticos. Tubarões, cavernas e safáris estão entre seus preferidos.

A atleta da família é Maria Eduarda, filha mais velha de Gabriela. Acho que puxou um pouco a independência da mãe. Praticou ginástica artística e hoje joga handebol pelo Clube Pinheiros. Eu e Mônica sentimos um baita orgulho dela.

Já para Gustavo a grande paixão é o futebol. Torcedor do Corinthians, ele sabe a escalação de todos os times do Brasil e do exterior. Em 2019, quando ele tinha sete anos, eu e a Mônica o levamos, sem os pais, para assistir à final da Champions League entre Liverpool e Tottenham Hotspur, no Estádio Metropolitano, em Madri. O Liverpool se sagrou campeão pela sexta vez, vencendo o jogo por 2x0. Ele ficou encantado com aquela festa no estádio e saiu de lá superfeliz. E eu e a Mônica saímos mais felizes ainda em ver a alegria dele.

Frederico é o mais novinho da Gabriela. Loiro, de olhos bem azuis, é um alemãozinho. Herdou tudo isso do pai, que é descendente de alemães. Vizinhos, ele e o João, da Isabel, são melhores amigos. A gente costuma brincar que Frederico é um tratorzinho. Não para quieto um segundo e também só nos dá alegrias.

Não somos uma família muito grande. Contando com o Burkhard, marido da Gabriela, somos dez. Faço questão de, sempre que possível, estarmos todos juntos, reunidos em minha casa. Quando estamos todos em São Paulo, almoçamos juntos. São momentos agradáveis com a família inteira reunida. Um almoço de família italiana. É muito bom!

Quando as meninas nasceram, eu trabalhava na Votorantim e estava muito feliz, com um bom salário. Não pensávamos muito para a frente, não tínhamos planos ambiciosos. As coisas iam acontecendo, íamos vivendo, tivemos alguns tropeços, mas jamais me arrependi de nada. Nunca fui de fazer planos de longo prazo. Fico atento ao que está à minha volta, avalio as oportunidades que surgem. Não pensava em me dedicar aos negócios da família, que, nessa época, eram liderados pelo tio Orlando, irmão da minha mãe. Ela tinha 11% de todo o patrimônio da família, e eu pensava: O que vou fazer com essa quantia? Desejava seguir minha vida de forma independente, mas o destino não quis assim.

Tio Orlando ficou doente e me chamou para ajudá-lo. Ele ia operar o coração e ficou com medo do que pudesse acontecer. Então respondi que iria, mas com um acordo de acionistas em que eu seria minoritário, embora tivéssemos os mesmos direitos. Ele aceitou e me encarregou das duas empresas menores, Costa Pinto e Santa Bárbara. Não queria que eu me envolvesse com a usina da Barra, que era a usina modelo do Brasil.

Depois que tio Orlando morreu, meus primos que tinham ficado de fora desse acordo se uniram com os filhos dele e quiseram me afastar das usinas. Foram tempos de muita tensão. Conseguiram me tirar da Costa Pinto e estavam tentando me tirar da Santa Bárbara também. Foi quando a Mônica parou de fumar. Fez uma promessa para Deus: se eu ganhasse uma liminar, ela pararia. O advogado conseguiu na última hora e ela nunca mais colocou um cigarro na boca.

Quando vou fazer um negócio, sempre converso com a Mônica. Se estou muito confiante, achando que tudo é possível, ela coloca meus pés no chão, me ajuda a pensar. Mas também há vezes em que não a escuto. Na época da associação com a Shell Brasil, ela foi para Londres comigo, e ficamos doze dias lá. No quarto dia, eu disse que voltaríamos para casa dentro de mais dois, mas não deu. "Mais um dia e vamos embora." Também não deu. Até que ela me falou: "Binho, larga isso! Nós estamos tão bem do jeito que estamos. Não precisa disso tudo! Pra que sofrer desse jeito por causa de negócio?". Eu não estava sofrendo. Só precisava de mais tempo, mas estava ótimo. Só que ela insistiu: "Não compra nada, já somos tão felizes, pra que ter mais uma coisa?". Não dei ouvidos, e fechei um grande negócio.

A Mônica brinca que minha cabeça tem um monte de caixinhas. Posso estar com o maior problema do mundo, entro em casa, deito na cama e durmo, sem precisar de remédio. No dia seguinte, eu me levanto e continuo de onde parei. "Bota na caixinha, tira da caixinha", ela diz. É quase isso mesmo. Se está na hora de abrir a "caixinha do sono", é isso que eu faço. Tenho a vida em família, minha relação com a Mônica, e não levo para casa problemas que possam comprometer nossa convivência. Quando chego em casa, tiro os sapatos, vou para o sofá e me esqueço do que ficou no escritório, começo a ver novela. Sempre adorei novela. É um momento em que relaxo das atividades do dia a dia. Gosto do romantismo e das emoções que as novelas despertam. Peço para gravarem para mim desde a época do videocassete. Assim não perco nenhum capítulo e depois vou vendo só as partes de que gosto.

3
A origem dos negócios

NO FINAL DO SÉCULO XIX, a Europa passava por uma grande crise de empregos, e o Brasil tinha acabado de abolir a escravidão, o que culminou no estímulo à imigração italiana para o país. O governo subsidiava as passagens e fornecia um auxílio em dinheiro aos imigrantes. O contrato inicial, obrigatório para quem tinha recebido aquela ajuda financeira, exigia que eles permanecessem por um ano no trabalho agrícola. O estado de São Paulo recebeu grande parte dos italianos, que vieram para as fazendas de café.

Meus bisavós, Antônio e Caterina Ometto, chegaram a São Paulo em setembro de 1887, vindos do Vêneto, norte da Itália. Eles tinham dois filhos, Constante e Carolina. Logo foram contratados para trabalhar em uma fazenda de café em Amparo, a pouco mais de cem quilômetros da capital paulista. Lá nasceu mais um filho, José. Posteriormente, eles se mudaram para a região de Piracicaba, onde tiveram mais quatro filhos: meu avô Pedro, que nasceu em 1893, Jerônimo, João e Luis. Em 1901, meu bisavô Antônio faleceu em decorrência de uma apendicite aguda, deixando minha bisavó viúva com os sete filhos.

A rotina na fazenda era dura, trabalho de sol a sol. Não havia oportunidade de estudo. Constante, o filho mais velho, foi alfabetizado por um vizinho e, por sua vez, ensinou os irmãos mais novos a ler e escrever. Tudo o que ganhavam era guardado para melhorar as condições de vida.

Assim que conseguiam alguma poupança, os colonos compravam um pedaço de terra e, frequentemente, trabalhavam com a cana-de-açúcar, que não exigia muito capital e tinha retorno rápido. Em 1906, minha bisavó conseguiu comprar o primeiro pedaço de terra. Com muito trabalho, a família se dedicou a expandir a propriedade nos anos posteriores.

À medida que o dinheiro aumentava e os filhos cresciam, as diferenças entre eles começaram a ficar evidentes. Um era mais culto, outro era especialista em animais, outro gostava mais da parte agrícola, e meu avô era uma mistura de empreendedor e financista. Em 1922, ele comprou seu primeiro sítio, de sessenta alqueires, que ficava próximo ao bairro de Água Santa, em Piracicaba. Lá ele tinha um alambique, que vira e mexe precisava de algum conserto. Foi assim que conheceu Mario Dedini, um imigrante italiano que tinha uma oficina de ferreiro. Os dois se tornaram grandes amigos.

Sempre atento às oportunidades e disposto a assumir riscos, no início dos anos 1930, meu avô queria aproveitar as vantagens trazidas pelas novas diretrizes governamentais para fomentar e controlar a produção de açúcar e álcool no país. Ele sabia que para isso precisaria se associar a outras pessoas. Uniu esforços com os irmãos e os liderou na compra da fazenda Boa Vista, em Piracicaba, onde começaram a primeira usina.

Posteriormente, estabeleceu uma sociedade muito produtiva com Mario Dedini e montaram a usina Costa Pinto, também em Piracicaba, em 1936. Eles uniram os conhecimentos de lavoura com a perícia mecânica. Dedini construía a usina, e meu avô cuidava da administração do negócio, das terras e da cana. E assim os empreendimentos da família foram se multiplicando.

No início, todas as usinas faziam parte de uma mesma sociedade, mas depois se dividiram entre os irmãos. Hoje temos a Cosan (antigo grupo Pedro Ometto) e os grupos São Martinho, São Martinho Iracema e usina São João, cada um liderado por uma parte da família. As usinas do grupo Pedro Ometto, do meu avô, sempre foram muito bem administradas. Nos anos 1960, ele foi considerado o "rei do açúcar" por um economista da época, porque era o maior produtor no Brasil. A usina da Barra, que fazia parte do seu grupo, foi por muito tempo a maior usina de açúcar do mundo.

Meu avô se casou com minha avó, Narciza, e eles tiveram sete filhos; dois homens, Orlando e Dovílio, e cinco mulheres, Ernesta, Helena, Natalina, Odette e Isaltina, minha mãe. Tio Orlando trabalhava com meu avô nas usinas. Já o tio Dovílio era casado com Ada, filha do Mario Dedini. Engenheiro-agrônomo, Dovílio preferiu trabalhar com o sogro nas Indústrias Dedini, que já eram fortes na época e hoje são líderes mundiais no fornecimento de equipamentos para o setor sucroalcooleiro.

Meu pai era Silveira Mello, família também tradicional em Piracicaba, mas então de poucos recursos. Ele era engenheiro-agrônomo, formado pela USP. Logo que se casou com minha mãe, foi trabalhar na Casa da Lavoura, em Andradina. Durante um período, viveram em uma casa que não tinha nem luz elétrica. Depois de algum tempo, meu avô o convidou para trabalhar na usina Costa Pinto, e ele aceitou, minha mãe sempre com ele. Trabalhava na usina e morava numa casa de colonos onde meu irmão Celso e eu nascemos e crescemos.

Meu pai foi campeão de basquete e futebol, e foi vice-campeão paulista de sinuca. Naquela época a sinuca era um jogo malvisto, de malandro. Por isso, e porque tinha uma diferença de dez anos entre meu pai e minha mãe, no início, meu avô foi contra o casamento. No mundo da sinuca, meu pai era conhecido como "Malasca". Um dia meu avô disse a ele: "Celso, dizem que tem um piracicabano que está jogando sinuca pra caramba e vai disputar a final do campeonato paulista hoje. É um tal de Malasca". E meu pai ficou na dele, não revelou que era o próprio.

Ele era muito popular na cidade, não pelo dinheiro, mas pelo conhecimento, pela capacidade de liderança. Todo mundo o respeitava, e esse respeito acabava chegando aos filhos também. Uma vez, quando eu tinha dezoito anos, fiz uma bobagem no trânsito. Acelerei para passar no sinal amarelo e quase bati em outro carro, tive que dar uma freada brusca. Um guarda que ouviu o barulho dos pneus achou que eu tinha avançado no vermelho e apreendeu meu carro. Precisei ir à delegacia para buscar o veículo, e meu pai foi comigo. Ele contou minha versão da história para o delegado, que insinuou que eu estava mentindo. "Filho meu não mente. Se ele está falando, você tem que acreditar!" Ele estava certo, eu não menti, minha versão da história era a verdadeira.

Sempre fui muito correto e honesto com meu pai, porque o jeito de ser dele nos levava a dizer a verdade. Ele acreditava em nossa sinceridade, nunca nos intimidava. Só se começa a mentir para uma pessoa quando se tem receio dela. Quando vejo um pai que é muito autoritário com o filho, penso que aquilo não é bom. Se você intimida seu filho, ele vai começar a esconder coisas de você. Apliquei isso na criação das minhas filhas também. Claro que tem que haver um meio-termo, não podemos deixar os filhos fazerem o quiserem. As teorias modernas de educação confirmam esse equilíbrio entre liberdade, firmeza e respeito para que as crianças desenvolvam responsabilidade. Meu pai já sabia disso há mais de cinquenta anos.

Então, esse jeito de ser dele me deu uma autoconfiança que eu soube usar muito bem na minha vida profissional. Por mais poderoso que seja meu interlocutor — pode ser prefeito, deputado, governador ou presidente da República —, sempre falo de igual para igual. Desde criança, construí uma autoestima que me deu a segurança de dizer tudo o que penso. É assim até hoje.

O inconformista

Falar o que penso não significa que eu não tenha autocontrole. Mas para defender minhas posições vou até onde for preciso. Quem já viu uma de minhas explosões sabe bem que esse autocontrole não ocorre de imediato. Não costumo segurar as reações emocionais assim que elas aparecem, não importa quem esteja ao meu lado: mudo o tom de voz, esbravejo e até bato na mesa. Tudo dentro do limite da boa educação, é claro. No entanto, é impossível não notar o meu incômodo quando percebo algo errado ou algo com que não concorde. Com o passar dos anos, essas reações se abrandaram um pouco, e hoje substituo muitas vezes uma bronca por uma resposta sarcástica.

Quando era jovem, meus arroubos emocionais eram bem mais intensos. Houve uma situação marcante, quando eu tinha uns trinta anos, na qual confrontei Delfim Netto, então ministro do Planejamento do governo João Figueiredo.

Eu tinha acabado de sair da Votorantim para assumir os negócios da família. Meu tio Orlando queria comprar, já fazia muito tempo, a fazenda Bodoquena, no Mato Grosso do Sul, mas não tinha capital. Montei uma operação e fizemos uma sociedade que incluía o Grupo Pedro Ometto (nós), a Votorantim, a Dedini e o Grupo Atlântica Boavista, cujo dono era o Antônio Carlos de Almeida Braga, o Braguinha, na época um dos maiores investidores das bolsas brasileiras. A ideia era instalar na fazenda uma destilaria de álcool, o que acabou não dando certo, por ser uma região muito próxima ao Pantanal. Fomos todos para Brasília fazer uma reunião com o Delfim Netto e com o Mário Andreazza, então ministro do Interior, para discutir sobre a aprovação do crédito rural para o plantio de cana e o funcionamento do Proálcool. Delfim queria mudar as taxas de juros e os prazos de financiamento, mas eu não me conformava. A discussão ficou inflamada. Ele era um dos homens mais poderosos do Brasil, mas quem disse que me lembrei disso na hora? Quando o sangue esquenta, você esquece tudo. Quando saí, o Delfim, que era muito amigo do Braguinha, disse a ele: "Pô, esse menino aí é um capitalista selvagem".

Quem trabalha comigo já sabe: na hora eu estouro. Aí preciso de um momento para me acalmar, e a decisão final é sempre pautada na lógica. Peço desculpas ou revejo os termos de uma transação, se necessário. Não arrasto a emoção para depois. Não tem essa de mágoa ou qualquer coisa do tipo. Como dizia o ex-presidente do Itaú e ex-ministro das Relações Exteriores Olavo Setúbal, "quem fica chateado é namorado; homens de negócios, não".

Por isso, para extrair o máximo de uma negociação, evito estar à frente delas. Na minha opinião, o dinheiro mais bem pago é o de um bom intermediário. Tem muita emoção envolvida numa negociação. Se é você quem dá a última palavra e, ao mesmo tempo, está lá negociando, a sua ansiedade vai transparecer. A outra parte pode acabar tirando vantagem disso. Além do quê, os ânimos exaltados podem impossibilitar o diálogo e acabar jogando um bom negócio pelos ares. Acompanhando de perto, mas sem estar na linha de frente, consigo o espaço de que preciso para recobrar o controle das emoções e tomar as decisões mais acertadas.

É com essa mesma racionalidade e autocontrole que também levanto os questionamentos ou tento mudar as coisas com as quais não concordo. Para o plantio da cana-de-açúcar, o ideal é um clima quente, com muito sol, umidade razoável e alguma chuva. Já para o amadurecimento e o cultivo da plantação, o cenário almejado é uma estação seca, ensolarada e fresca, sem geada. No ramo sucroalcooleiro, muitos dependem de são Pedro para proporcionar esse clima perfeito. Já o preço para a comercialização do açúcar e do álcool está sujeito à boa vontade do governo. Muitos empresários costumam aceitar as coisas como elas são, como se fossem imutáveis. Eu nunca aceitei.

Dentro do meu raciocínio lógico, sempre me perguntei: "Por que deve ser assim?". Desde que assumi a Cosan, investimos em tecnologia para não dependermos totalmente da variação climática. Quanto ao preço, o açúcar e o álcool são dois dos principais produtos de exportação do país. Temos o poder de pressionar o governo para que o valor dos produtos seja justo e não sirva ao populismo político, e é isso que tenho feito. Atribuo boa parte desse inconformismo à minha criação e ao exemplo que tive em casa.

Meu pai tinha seu jeito de demonstrar amor, mas, que eu me lembre, sempre foi muito carinhoso comigo. Também era assim com meus irmãos que, nessa época, tinham certo ciúme do modo como nossos pais me tratavam. Talvez eu tenha sido o mais querido de meus pais. Afinal, a tendência dos pais é proteger os mais fracos, e eu tinha alguns problemas de saúde por causa da bronquite asmática.

Também nunca dei trabalho e sempre fui muito bom aluno nas escolas onde estudei. Mas, como era muito idealista, por conta da educação que meu pai me dera, nunca aceitei as coisas só porque eram daquele jeito. Se discordava, tinha que falar. Então brigava com os padres, com os professores, e lutava para que meu argumento, ou o que achava que era o correto, prevalecesse. E quando alguma questão desse tipo chegava em casa, meu pai sempre me apoiava.

Apesar das crises de bronquite asmática, que me provocavam grande ansiedade, posso dizer que tive uma infância feliz. Eu era solto, vivia de calção e descalço. De vez em quando tinha uma daquelas crises. Com o surgimento da cortisona, que passei a utilizar, eu melhorava, mas ficava um pouco intoxicado. Então, tinha que ir desintoxicar nas praias de Santos por causa do iodo do mar. Meu avô comprara um apartamento na cidade. Uns quinze dias antes de viajar, tinha que ficar com os pés de molho para tirar das unhas os vestígios de ferrugem, um pozinho preto que ficava por toda parte depois da queima da cana. Invadia tudo, e quando grudava na pele dava o maior trabalho para sair. Nós, que éramos crianças, andávamos sempre descalços e tínhamos os pés todos pretos.

Meu pai era uma pessoa muito sábia, nunca usou de autoridade, nunca falou para mim "faça isso, faça aquilo". Sempre dava um jeito de nos levar a entender as coisas sem estresse. Quando entrei na fase de voar com minhas próprias asas, ele demonstrava preocupação. Temia que eu, naquele afã típico da idade, tomasse atitudes que não deveria e acabasse por me encrencar.

Ele conversava com minha mãe à mesa do jantar, contando antigas histórias de rapazes da época dele que foram penalizados por descuidos, mas sem nunca falar do assunto diretamente comigo. Assim, passava a mensagem que pretendia me transmitir e dava os instrumentos para que eu mesmo raciocinasse e concluísse o que seria melhor para a minha vida.

Também nunca me disse para estudar nem opinou sobre o curso que eu deveria fazer, fosse engenharia, fosse qualquer outro. Ele tinha uns conceitos muito interessantes sobre educação. Sempre falava para minha mãe: "Isa, o cara que é bom aluno na escola não precisa ser premiado. A realização dele já é um prêmio interno. A gente precisa se preocupar é com aquele que não vai bem. Ver se por acaso ele tem algum problema na escola, se tem alguma dificuldade". Esse jeito especial dele sempre nos ajudou a seguir em frente.

Minha mãe, dona Isaltina, também era uma mulher muito inteligente e acompanhou de perto toda a minha formação. Estudou num colégio de freiras. Não fez faculdade, só foi até o curso clássico, que na época eram os três últimos anos antes do vestibular. Foi uma mulher de muita opinião. Quando resolveu se casar com meu pai, meus avós foram contra e a colocaram num colégio interno. Mas ela não cedeu, brigou e acabou ganhando a briga.

Meu avô era um homem bastante humilde, mal sabia escrever, mas era muito bom em fazer contas. Foi um grande empresário, que uniu e liderou os irmãos para ampliar os negócios da família. E minha mãe brigava com ele, questionava, argumentava. Um dia ele se queixou: "Você fala como uma advogada!".

Depois que meus pais se casaram, meus avós deixaram de lado a resistência que tinham e, com o passar do tempo, meu pai tornou-se o apoio deles. Quando meu avô morreu, meu pai, que era só o genro, passou a cuidar dos imóveis e dos negócios da minha avó. E teve que brigar muito com meus tios e tias por causa da ciumeira que todos tinham do cunhado.

No geral, meu pai era compreensivo e carinhoso, sabia nos educar sem ser autoritário. Mas houve uma única vez em que ele perdeu a paciência comigo. Eu tinha uns oito, nove anos de idade quando ele comprou um carro inglês novinho, da marca Vauxhall, que era muito boa. O vendedor trouxe o carro até a usina e, antes que meu pai o visse, entrei e saí dirigindo. Claro que não sabia dirigir. Até ali só tinha brincado, sentado no colo do motorista. Não andei nem quatro metros e bati numa árvore. Quando meu pai viu o carro amassado, saiu atrás de mim. Eu estava no banho e apanhei de cinto embaixo do chuveiro. Não me esqueço do quanto doeu!

Se era duro em alguns momentos, em outros era acolhedor. Sabia me proteger. Logo que comecei a frequentar Piracicaba, descobri que havia certa disputa entre os meninos locais e os que vinham de outras cidades da região, como Limeira e Rio Claro. Eu era um caipira da fazenda, comecei a frequentar o clube de Piracicaba e era todo metido. Um dia, soube que os meninos da cidade queriam me bater. Fiquei em uma situação crítica: eles eram muitos, eu iria apanhar. Liguei para o meu pai e contei o que estava acontecendo, e ele mandou uns funcionários para me proteger. Quando os meninos viram que eu não estava sozinho, desistiram de mexer comigo.

Nostalgia

Até os doze anos morei na usina e ficava a maior parte do tempo solto. Ia ao escritório, gostava muito de ver como faziam a contabilidade, era muito curioso. Quando comecei a estudar em Piracicaba, ia e voltava da escola de carro com o motorista, eu e meus três irmãos.

Naquela época eu já tinha noção de que nossa vida era diferente, de que nossa família tinha bens, tinha dinheiro. Isso nunca se manifestou em mim de modo negativo, nunca fui arrogante achando que éramos superiores, mas sabia que tínhamos privilégios. A família dos meus pais sempre teve destaque em Piracicaba; meu avô foi o homem mais rico de lá. Mas naquela época eu não tinha consciência do que era isso. Andava a pé sozinho e, quando tinha aula até mais tarde e o motorista não podia esperar, pegava um ônibus ou trem. Meu pai mandava me buscarem na estação ferroviária da usina. Uma vez por semana o chefe da estação fazia um frango com polenta e jogávamos truco à noite. Então, eu não me preocupava com o fato de pertencer a uma classe social mais favorecida. Brincava e jogava com os filhos dos empregados da usina. Chegamos a fazer parte do time de futebol da usina, com uniforme e tudo.

A usina Costa Pinto, primeira empresa do grupo do meu avô, foi fundada em 1936. Era lá que aconteciam nossas festas. A de Natal era muito mais para o meu pai e a minha mãe, mais íntima e familiar. O réveillon já era mais aberto. Todo fim de ano meus avós faziam a festa de réveillon, e os Ometto, uma família enorme, se reuniam com todos os outros usineiros. Nessas ocasiões eu ficava bravo, porque era muito menininho, às dez horas da noite já estava caindo de sono e não via a passagem do ano. Meu irmão Celso conseguia ficar acordado e, no dia seguinte, me contava em detalhes como havia sido. Eu ouvia e ficava revoltado por não ter participado.

Essa tradição familiar do réveillon eu não segui. Apenas no Natal reúno alguns amigos, minhas filhas, meus netos. Mas tem uma data que festejo sempre: o dia 6 de novembro. É o aniversário da minha mãe, que era muito festeira e gostava de celebrar o próprio dia. Então continuamos com essa tradição. Fazemos um almoço ou jantar nessa data ou no fim de semana mais próximo, porque alguns moram longe. Eu, minhas filhas, meus irmãos com suas famílias, todos juntos festejamos o aniversário da nossa eterna dona Isa.

Tenho uma ligação muito forte com meus irmãos até hoje. A gente brigou muito — por questões de irmãos e de negócios —, mas depois ficou tudo bem de novo. O modo como essas situações se resolveram é uma das grandes satisfações que tenho. Porque houve um período em que fiquei brigado com minha mãe e com meus irmãos e sofri muito. Mas depois tratei de refazer nossa amizade, nos entendemos financeiramente e hoje somos muito unidos de novo.

Sinto uma certa nostalgia quando penso na minha infância, nos meus amigos, na usina, nos meus pais. Na usina onde fomos criados, não havia alambrado para cercar a sede, nem um guarda para vigiar. Hoje, para todo lado que se vira, há uma cerca, sistema de segurança com câmeras. Eram outros tempos, outra vida.

Amarcord é uma obra-prima de Federico Fellini sobre a infância dele numa pequena cidade italiana. A riqueza do filme está justamente nisso: aos olhos da criança que ele foi, nada parecia trivial. Tudo era mágico e grandioso. A sensação não é privilégio de artistas geniais e sensíveis como Fellini. Acho que todo mundo sente isso. E, assim como diz o personagem do Fellini, no dialeto da região italiana em que o cineasta nasceu: eu me lembro.

Quando vou a Piracicaba, saio sozinho, vou até o colégio onde estudei, visito a sala de aula, me apresento aos padres que estão lá agora. Ou vou à igreja, aos barzinhos que frequentava com a turma da minha idade. Depois do muito que já vivi, de tudo o que já passei, ainda sinto saudades daquela época. Mas também sinto certa tristeza, porque é o mesmo ambiente, mas muita coisa mudou. Quando eu morava na cidade, todo mundo se conhecia. Hoje, vejo que ninguém conhece mais ninguém, a cidade cresceu.

A Politécnica também mudou. Faço parte de um conselho da USP e, de vez em quando, tenho reunião na Cidade Universitária. Faço questão de chegar antes para visitar a escola. Não sinto mais aquele aconchego que sentia antes. Talvez eu é que tenha mudado e não percebi.

Minha aventura no cinema

A usina tinha um cinema, e eu não ia apenas para ver os filmes. Tinha fascínio pela cabine de projeção, por ver aquelas máquinas todas, calcular a velocidade com que o projetor tinha que girar para a película, com milhares de fotos minúsculas, se transformar em um longa-metragem animado. Adorava ver como o sistema de bandejas, os motores elétricos e as rodas dentadas conversavam entre si, e como a lente emanava e ampliava a luz, que ficava do tamanho da grande tela.

Achava aquilo tudo tão fascinante que, anos mais tarde, produzi dois filmes. Nunca fui cinéfilo. Assim como gosto de uma boa novela, também aprecio um filme que tenha ação, emoção, enfim, uma boa história. No entanto, não entendo nada de roteiro nem tenho uma relação acadêmica com a sétima arte. Mesmo assim, produzi dois filmes quando tinha 25 anos.

Meu sogro, Guilherme Mellão, tinha um amigo de uma cidade perto de Dourados que conhecia David Cardoso, o rei da pornochanchada. Nos anos 1970, esse era o gênero que mais levava público aos cinemas para assistir a filmes nacionais, e Cardoso se tornaria o grande galã dessas produções. Mais tarde, ele também se destacaria como diretor. Meu sogro ficou amigo de Cardoso. Em 1975, eu era o diretor financeiro da Votorantim, e eles vieram conversar conosco para bancar os próximos dois filmes que ele estrelaria. Eu tomaria conta das finanças da produção e contribuiria com algum dinheiro, junto com meu sogro e o dr. José Ermírio.

Depois de algumas conversas, resolvemos embarcar nessa aventura e fazer os filmes. O primeiro se chamava *A ilha do desejo* e contava uma história de crimes que aconteciam misteriosamente na mansão de um milionário. O outro era *Amadas e violentadas*. Esse segundo foi gravado na casa do meu sogro e também envolvia crimes. Era sobre um jovem que tinha perdido os pais de forma violenta e não conseguia se relacionar sexualmente com mulheres. Aí ele começava a matar suas acompanhantes e, ainda por cima, publicava os crimes em livros policiais. Uma história até bastante elaborada para o gênero, e que recebeu críticas positivas. Recentemente, um famoso crítico de cinema e roteirista, Marcelo Müller, escreveu: "O resultado é um exemplar acima da média para os parâmetros da época, marcado menos pelo sexo enquanto ato do que por sua força simbólica, por seu papel essencial à estrutura da psique".* A Mônica chegou até a fazer uma ponta nesse filme.

Os dois foram dirigidos por Jean Garrett, que se destacaria como diretor de filmes "trash", hoje com aura de "cult". O lançamento teve coquetel e tudo. Nos créditos de abertura, aparecia sobre a tela grande: David Cardoso, Guilherme Mellão, José Ermírio de Moraes Filho e Rubens Ometto Silveira Mello apresentam... Em 1975, cada um dos dois longas-metragens foi visto por mais de 1 milhão de pagantes.

Enquanto os filmes estavam em cartaz, David Cardoso sempre vinha prestar contas comigo. Foi corretíssimo e ganhou muito dinheiro, além de se lançar como astro do cinema. Mesmo em algo que não entendia, que fiz apenas para entrar na brincadeira, acabei gerando lucro. Claro que não tive mérito algum por isso.

---

* A resenha está disponível em: <papodecinema.com.br/filmes/amadas-
-e-violentadas>.

É bom ressaltar que, embora os produtos da pornochanchada carregassem a temática sexual, eles tinham cenas menos explícitas do que a gente vê hoje nas novelas das nove. Eram outros tempos.

Uma vez, muito depois da realização desses filmes, o cineasta e cronista Arnaldo Jabor veio fazer uma palestra numa das unidades da nossa empresa. Na volta, pegou uma carona de helicóptero comigo, e eu perguntei: "Você sabe que eu também sou cineasta?". Impressionado, ele respondeu com outra pergunta: "Mas como?". Expliquei a história para ele, que ficou surpreso.

Sinto saudades dessa época, dos meus vinte e tantos anos. Não só pela juventude, mas por tudo o que aconteceu. Embora muita coisa tenha ocorrido depois, e eu tenha deslanchado como empresário já mais velho, guardo esse período em um lugar especial da memória.

4
Vida nova em São Paulo

QUANDO SE É JOVEM, paira a sensação de que não há limites para a ousadia. "Eu sou capaz de ir e vou/ Muito mais além/ Do que você imagina", dizia a música "20 e poucos anos", de Fábio Jr., sobre essa fase da vida, quando ele mesmo tinha 26 anos. Posso dizer que o período dos meus vinte aos trinta anos foi muito importante para firmar minha personalidade e definir meus caminhos. Claro que não sabia aonde poderia chegar, mas cravei as bases para isso.

Quando comecei a namorar a Mônica, eu ainda era estudante da Politécnica. Logo que meu pai morreu, senti a necessidade de trabalhar. Estagiei no Banco de Investimento do Brasil (BIB), que pertencia ao Unibanco. Morando em São Paulo, queria construir meu próprio caminho. O pai dela era o banqueiro Guilherme Mellão, já falecido. O melhor amigo dele era o dr. José Ermírio de Moraes Filho, presidente da Votorantim, que na época era o maior grupo empresarial brasileiro. Os dois tinham nascido no mesma dia — 26 de novembro — e festejavam a data juntos. Naquele ano fizeram um jantar no Terraço Itália e me convidaram para ir com a Mônica. Por uma dessas coincidências da vida, acabei me sentando ao lado do dr. José Ermírio. Durante o jantar, conversamos muito e a partir dali ficamos amigos. Ele me convidou para entrar na Votorantim quando quisesse, e foi o que aconteceu: depois de mais alguns encontros que tivemos, fui trabalhar com ele.

Meu trabalho de assessor era para valer, ajudei muito. Eles tinham acabado de vender uma fazenda no Paraná, e o dr. José queria aplicar o dinheiro. Um dia me chamou: "Os caras estão fazendo tudo errado! Vem dar uma olhada pra mim". Fui conferir e ele tinha razão. A empresa estava perdendo dinheiro, ou pelo menos deixando de ganhar mais. Organizei o negócio pelo Unibanco, hoje Itaú, e ele ganhou um bom dinheiro. Quando tudo acabou, ele desenhou um gráfico com uma linha ascendente num papel para demonstrar minha contribuição e falou: "Rubinho (era como me chamava), ganhei um lucro enorme para a empresa e quero te dar um presente". Respondi na hora: "Pelo amor de Deus, dr. José, não fala assim que o senhor me ofende. Sou funcionário do Unibanco, não posso ganhar comissão!". Eu fazia estágio, embora o nome do cargo fosse assessor da diretoria, e ganhava bem pouco. Mas eu não podia aceitar. Esse episódio nos aproximou, ficamos ainda mais amigos a partir daí.

No Unibanco, havia uma sala enorme onde ficavam os estagiários e os diretores. Um dia, a secretária entrou e falou bem alto para que todos ouvissem: "O dr. José Ermírio de Moraes Filho está no telefone!". Todo mundo olhou para ela, que, por sua vez, olhou para mim e concluiu: "Ele quer falar com você, Rubens". A gargalhada foi geral. Ninguém acreditou, acharam que era trote.

Nessa época eu tinha 22 anos. Estava no quinto ano da faculdade. Além de estagiar e prestar assessoria ao dr. José, também fazia meu trabalho de conclusão de curso. No segundo semestre do último ano do curso de Engenharia Mecânica de Produção, as aulas eram somente de meio período, para os alunos se dedicarem a esse trabalho final. Hoje nem sei como, mas naquela época consegui me desdobrar e fazer tudo isso ao mesmo tempo.

Depois que me formei, não cheguei a exercer a profissão, mas usei muito da engenharia na busca pelas melhores soluções para os negócios. Depois de anos trabalhando com afinco, tanto nas empresas de terceiros como nas minhas, em 2006, recebi o prêmio Eminente Engenheiro do Ano, oferecido pelo Instituto de Engenharia de São Paulo (IE). No artigo publicado pelo jornal do IE, o então presidente do Instituto, Eduardo Lafraia, apontou minha indicação como uma "homenagem ao empresário de visão, empreendedor, focado em um Brasil desenvolvido, que luta para ocupar sua real posição no cenário mundial". Ele também destacou a importância dos setores nos quais a Cosan, que eu presidia na época, atuava: agronegócio, exportações, energia e logística.

O jornal trouxe, ainda, uma entrevista de duas páginas comigo. Fiquei muito feliz e honrado por fazer parte do grupo de profissionais que recebem esse prêmio. Nasci engenheiro, penso como engenheiro. Tenho muito orgulho da minha profissão. Já se passaram quase quinze anos desde que recebi esse título e, ainda hoje, ele é dos que mais me orgulham. Não por vaidade, mas pelo reconhecimento do meu trabalho técnico. É muito gratificante.

Fazer escolhas

Quando me formei, apareceu para mim uma dessas encruzilhadas que a vida nos apresenta, em que você pode seguir por dois ou mais caminhos possíveis. Nem sempre a escolha correta é a mais fácil, ou pior, às vezes não há uma única escolha correta. No caso, eu tinha quatro alternativas: a primeira era a vida acadêmica, já que sempre gostei muito de estudar; a segunda seria fazer uma especialização nos Estados Unidos, que, aliás, é uma coisa que me faz falta. Hoje falo inglês, mas não com a fluência que gostaria de ter para me comunicar. A terceira era trabalhar na Votorantim, e a quarta, seguir no Unibanco. Embora quisesse muito ir para os Estados Unidos, fiz novamente uma escolha racional e pragmática. A Votorantim estava começando a entrar num processo de modernização e adquirindo os primeiros computadores. Então pensei: "Com uma oportunidade dessa numa empresa desse tamanho, não vou perder a chance de colocar em prática tudo o que aprendi na faculdade".

O sonho de estudar inglês nos Estados Unidos e fazer uma especialização era muito forte. Um colega meu, que tinha o mesmo sonho, foi para lá logo que se formou. Isso me balançou um pouco, mas avaliei que, depois, quando ele voltasse, talvez encontrasse outra pessoa ocupando a cadeira que poderia ser dele. Achei melhor postergar esse plano.

Olhando para trás, percebo que minha decisão foi a mais correta. Aos 24 anos fui eleito diretor-financeiro do maior grupo empresarial do Brasil. Fiquei na Votorantim até 1981. O dr. José, que comandava o grupo, tinha uma relação muito forte comigo, e se transformou no meu melhor amigo, mesmo sendo muito mais velho do que eu (ele era de 1926, e eu sou de 1950). Nossa comunicação era quase que por telepatia. Trabalhávamos juntos durante a semana e, aos domingos, íamos ao futebol. Era uma relação dessas que duram para sempre e marcam nossa vida.

Amigo do general

Com o dr. José Ermírio vivi um dos episódios mais pitorescos da minha vida. Ele foi presidente da Federação Paulista de Futebol e, depois, assumiu a vice-presidência da Confederação Brasileira de Desportos, CBD, que mais tarde viria a ser a Confederação Brasileira de Futebol, a CBF. Tendo assumido a gestão seguinte à de João Havelange, quando este se elegeu presidente da Fifa, o dr. José me chamou para ajudá-lo a organizar as finanças da Confederação.

Num dos primeiros jogos de futebol a que fomos juntos, ficamos na tribuna de honra do estádio do Morumbi, para assistir a uma partida entre Santos e Portuguesa. Ele me colocou sentado ao lado de um senhor que eu não conhecia. O jogo começou e, no primeiro lance emocionante, dei um tapa na perna do homem, desses que a gente dá nos amigos que assistem aos jogos conosco. E ele me devolveu o tapa, sorrindo. Percebi que concordava comigo: aquela jogada tinha sido maravilhosa. Notei dois homens grandes, sérios, nos observando meio inquietos, mas não dei importância. Em poucos minutos, éramos melhores amigos. Ouvíamos a narração pelo rádio que ele trouxera — e que eu, instintivamente, tomava da mão dele quando queria ouvir melhor. Quando o Santos fez um gol, dei um tapa nas costas dele, que também me devolveu outro.

Quando o jogo acabou, ele me perguntou se eu iria ao próximo, entre o XV de Piracicaba e o São Paulo. Disse que sim.

E ele: "Então me liga, a gente vem junto". Depois que saímos, o dr. José me perguntou: "Rubinho, você é amigo do general Souza Mello há muito tempo?". E levei um susto. Meu novo "melhor amigo" era comandante do 2º Exército, um dos homens mais poderosos da ditadura. Os dois homens sérios que nos olhavam eram os seguranças dele!

A perda do meu pai

Logo depois de conhecer o dr. José, sofri uma infelicidade muito grande. É uma coisa sobre a qual me pergunto: O que teria sido de mim se não tivesse acontecido naquele momento da minha vida? Onde eu estaria agora? Meu pai, seu Celso, foi uma figura de grande importância na minha formação. Esse jantar no qual conheci o dr. José foi no dia 26 de novembro. Três dias depois, meu pai morreu de um infarto fulminante. Ele tinha 53 anos, e eu, vinte.

Na época, fiquei convencido de que uma das coisas que levaram meu pai tão cedo tinha sido a disputa entre irmãos e cunhados nos negócios familiares. Afinal, parente é muito bom para juntar e tirar fotografia. Mas quando a família se mistura com os negócios, as coisas se complicam. Às vezes pensamos que tudo está indo bem quando não está; pode haver alguma coisa, um detalhe sem importância, que faz tudo desandar. Em minha trajetória, comprei muitas empresas que poderiam estar bem, com as finanças em dia, mas acabaram enfrentando dificuldades devido a problemas familiares.

Meu pai tomava conta da usina Costa Pinto, em Piracicaba, e meu tio Orlando cuidava de outra, a usina da Barra, em Barra Bonita. Enquanto meu avô era vivo, os filhos faziam o que ele queria. Depois de sua morte, porém, ele deixou sete herdeiros para decidirem juntos o que fazer. Meu tio não tinha o controle de tudo, mas era muito hábil politicamente e começou a querer dar ordens e controlar o que todos faziam. Meu pai não aceitou, e eles se desentenderam. Meu tio acabou tirando-o dos negócios. Acompanhei todo o sofrimento dos meus pais, da minha família, vendo tudo pelo que passamos.

Nos piores momentos, meu pai dizia, tentando acalmar minha mãe: "Olha, Isa, fica tranquila. Eles vão precisar dos nossos filhos". Meu irmão, Celso, assim como eu, sempre havia sido responsável e dedicado ao trabalho. Passando por isso tudo, decidi que precisava estudar muito para mostrar minha competência e poder me defender, caso acontecesse comigo o mesmo que com meus pais. Foi o que me despertou para empreender e crescer. Minha mãe ficou viúva aos 43 anos, criou quatro filhos e foi valente até o fim, quando faleceu aos 85 anos. Naquele período complicado, depois da morte do meu pai, ela precisou lutar muito, e eu sofri junto com ela.

Eu estava começando a namorar a Mônica. Ainda era estudante na Politécnica, mas já em contato com o círculo social do meu sogro, que era vice-presidente do Banco Brasil, o banco da família. Comecei a perceber os negócios com mais interesse. Na verdade, sempre gostei de negociar, mas não sei explicar o porquê nem de onde saiu isso. Eu acompanhava, um pouco à distância, os negócios da família. Mas, com o aumento das disputas após a morte de meu pai, avaliei que o melhor era eu continuar de fora. Calculei que meus parentes acabariam me procurando se eu não estivesse na briga. Estava certo. Meus tios e primos brigavam entre si e, depois, desabafavam comigo. Sem estar emocionalmente envolvido, podia falar, aconselhar e dar minha opinião sem nenhuma barreira e sem sofrimento. Olhando de fora, eu conseguia ter frieza para avaliar e pensar nas melhores soluções para os conflitos.

Até meu tio Orlando, que tinha brigado com meu pai, veio falar comigo. Foi quando planejei a criação de uma holding para juntar as ações dele, da minha mãe e de dois primos, deixando com ele o controle do grupo. Ele gostou da ideia e aprovou de imediato. Eu ainda estava na Votorantim e não pensava em sair. Continuava sem me envolver diretamente nos negócios da família.

Depois dei um segundo passo, que foi um acordo de acionistas com meu tio. Pelo acordo, as ações da minha mãe, junto com as dele, controlavam o grupo inteiro. Mas isso merece um capítulo especial no livro.

5
A história da Aguassanta

MEU AVÔ, PEDRO OMETTO, foi um homem muito empreendedor. Sua primeira usina foi a Costa Pinto e, com o lucro, fez a usina da Barra, que era administrada pelo meu tio Orlando. Meu pai, que era engenheiro-agrônomo, ficou à frente da usina Costa Pinto quando veio trabalhar com a família, sempre sob a liderança do meu avô.

O outro irmão da minha mãe, tio Dovílio Ometto, dedicava-se aos negócios da família da mulher dele, Ada Dedini. Ele tinha vendido suas ações aos irmãos quando a empresa entrou em dificuldades financeiras e ficado com 45% do grupo, pois juntara a parte dele com as ações da tia Ada, que tinha um terço. Em 1971, financiei através do Unibanco a compra de mais 8%, o que conferiu ao tio Dovílio o controle do Grupo Dedini.

Quando meu avô morreu, em 1966, deixou uma parte maior dos negócios para o filho homem, o que é uma tradição do povo italiano. Tio Orlando ficou com 21% da empresa, e cada uma das irmãs, minha mãe entre elas, ficou com 11%.

Meu pai começou a ter divergências com ele porque, embora tivesse só 21% das ações, tio Orlando começou a administrar o grupo como se fosse o único dono. Foi quando ele afastou meu pai da usina Costa Pinto, e nós saímos de lá e fomos morar em Piracicaba.

Esse fato deixou meu pai bastante aborrecido. Um tempo depois, ele começou a pressionar tio Orlando, pois ele não tinha o direito de atuar como se fosse dono absoluto de tudo. Os cunhados da minha mãe, casados com suas irmãs, começaram a perceber que ele tinha alguma razão. Com sua liderança, os seis cunhados montaram uma força única para criar uma diretoria e montar a gestão das empresas de maneira democrática. Entretanto, tio Orlando, habilmente, começou a cooptar cada um dos cunhados, oferecendo a eles cargos nas usinas. Aos poucos, todos passaram a defender a posição de meu tio, deixando meu pai isolado.

Mais uma vez, meu pai levou um baque. Essa traição fez muito mal a ele, e acho que foi o estopim para provocar o infarto que o levou. É verdade que ele também tinha uma taxa de colesterol altíssima. Ironizava e dizia que o melhor remédio para o colesterol era não se preocupar com ele. Não cuidava da dieta e fumava quase dois maços de cigarro por dia.

Mas acredito que o fator emocional também tenha sido determinante. Em algumas reuniões, quando os ânimos se exaltavam, ele ficava muito ofegante. Em uma delas, eu tinha dezessete anos, vi meu pai discutir com os cunhados e acabar muito transtornado. Isso me marcou demais e me fez colocar uma coisa na cabeça: temos que pensar em nós mesmos. É preciso entender o outro, ter empatia, mas também é importante pensar em nós. Isso inclui perder um pouco do respeito que se tem por um tio ou uma tia. Essa forma de pensar me deu muita liberdade para agir sem constrangimento, sem ter qualquer problema de consciência e, principalmente, sem misturar relações familiares quando o assunto eram os negócios.

Vendo meu pai sofrer, decidi que aquela história não se repetiria. Então comecei a pensar no meu plano de vida.

Apesar de todo o desentendimento familiar, aprendi uma coisa com meu tio, e até hoje é assim que ajo com meus primos e sócios. Tio Orlando tinha um processo de distribuição de dividendos anual, acontecesse o que acontecesse, para que todos os acionistas tivessem uma vida boa. Isso fez com que minha mãe, independentemente do patrimônio que meu pai deixou ao morrer, tivesse recursos para continuar a própria vida.

Sempre fui muito ambicioso para fazer as minhas coisas do jeito que eu quisesse. Quando me formei, já com os contatos e conhecimentos que eu tinha, tio Orlando começou a se aproximar de mim e do meu irmão. Convidou Celsinho para trabalhar na usina Costa Pinto e me convidou para trabalhar com ele. Mas eu não quis. Preferi cuidar da minha vida e, acima de tudo, ficar longe dos problemas que vinham crescendo.

Pouco tempo depois de o meu pai ter sido isolado, aqueles que estavam juntos, trabalhando com tio Orlando, começaram a se desentender. Principalmente por causa dos movimentos da terceira geração, meus primos, que queriam se intrometer nas decisões estratégicas. Isso começou a incomodar muito meu tio, uma pessoa mandona, autoritária, mas que não tinha o controle acionário, ou seja, não tinha 51% das ações. Eu ficava só assistindo.

Não demorou, tio Orlando sofreu um infarto fulminante. Ia ter que operar o coração em Cleveland, nos Estados Unidos, referência em cirurgias cardíacas desde os anos 1960, e ficou com medo do que pudesse resultar disso para a sua saúde. Então veio me procurar: "Binho, preciso da sua ajuda pra gente montar um negócio e garantir o controle pra gente. Eu tô muito doente, sozinho, com problemas com seus primos". Respondi que pensaria sobre a proposta, mas sabia que depois da operação, quando ele melhorasse, íamos acabar brigando também. Para deixar bem clara a posição de cada um, como um respaldo para quando a briga acontecesse, eu disse que queria fazer um acordo de acionistas. Ele quase morreu com isso. Mas vi que aquela era a hora de entrar no jogo.

Desenhei uma associação que reunia as pessoas com mais afinidade: tio Orlando, minha mãe, meu primo João Guilherme e minha tia Helena Moreno. Juntos formamos a holding Aguassanta, cujo nome vem de um bairro de Piracicaba onde a família Ometto se instalou quando chegou ao Brasil. Isso foi em 1974. A Aguassanta tinha 64% do capital da holding Pedro Ometto e, com ela, a disputa que havia entre oito grupos — minha mãe, os seis irmãos e João Guilherme – ficou reduzida a quatro, dos quais, mais uma vez, eu tinha uma posição privilegiada, porque liderava a parte de todos os sócios. Somadas as participações do tio Orlando e da minha mãe, tínhamos o controle acionário da Aguassanta, com 56% das ações.

Quando sugeri a criação da holding, fiquei muito à vontade, sem qualquer peso na consciência, pois deixei de fora os cunhados que haviam traído meu pai. Fizemos o acordo de acionistas. Contratamos um advogado muito bom, o dr. Arlindo de Carvalho Pinto Neto, e regulamos como seria a gestão da empresa dali para a frente, com tio Orlando como presidente e eu como vice-presidente, responsável pela parte operacional. Foi o segundo acordo de acionistas feito no Brasil, em 1978, após a nova Lei das S.A. (Sociedades por Ações), de 1976.

Tio Orlando foi operado, ficou bom e voltou ao trabalho, e minha profecia se cumpriu. Meu estilo sempre foi aberto, liberal, voltado para a meritocracia. Já meu tio era um homem difícil. Tinha muita experiência e era muito inteligente, apesar da pouca escolaridade, mas era muito centralizador. Começamos a brigar.

Naquela época o grupo tinha cinco grandes propriedades: as usinas da Barra, Costa Pinto e Santa Bárbara, e os projetos de cana irrigada do Jaíba e da fazenda Bodoquena. Então, propus um acordo: tio Orlando ficaria com a administração da usina da Barra e da fazenda Bodoquena, e eu, minha mãe e meu irmão assumiríamos as usinas de Piracicaba, Costa Pinto e Santa Bárbara, além do Projeto Jaíba. O acordo foi fechado, mas à custa de muita briga, muita discussão.

Nessa queda de braço, descobri algumas irregularidades cometidas na empresa. Comentava com a Mônica e, numa dessas conversas, falei que tomaria medidas criminais contra a administração da empresa. Os dias se passaram e, certa noite, um emissário da empresa foi até minha casa para conversar. Estávamos na sala, e Isabel, minha filha mais velha, então com sete anos, sentou-se conosco já com o pijama, pronta para dormir. Eu disse a ela para ir dormir, pois estava tratando de negócios. Ela respondeu: "Não vou!". Levei um susto e nem tive tempo de reagir quando ela completou da forma mais inesperada: "Não vou, porque eu sei o que vocês tão falando. Eu sei que você vai na delegacia".

Foi bom o emissário ouvir isso porque quando uma criança fala é pra valer, não é blefe. Então, essa ameaça, ainda que sem querer, acabou sendo uma maneira de enquadrar a administração para fazer o acordo de acionistas, que funcionou bem.

Carta marcada

Em paralelo às definições nos negócios da família, também participei nesse período de três operações fantásticas, nas quais tive atuação decisiva. Tudo isso aconteceu entre 1974 e 1978, enquanto eu continuava como diretor-financeiro da Votorantim, onde fiquei até 1981.

Eu estava com 26 anos, era o ano de 1976. A Votorantim respondia por 22% do cimento produzido no Brasil, seguida pela Cimento Itaú, que tinha 11% de participação de mercado. Consegui a opção de compra da Cimento Itaú por meio de um amigo, Renato Alves Bittencourt, que era muito próximo dos controladores da empresa. Levantei no banco o financiamento necessário para comprá-la e apresentei a proposta à família Ermírio de Moraes. Era bastante dinheiro, e eles ficaram em dúvida, não decidiam se avançariam ou não. Então, resolvi pressioná-los: "Nós vamos acabar perdendo o negócio. Se não vão comprar, então me deem licença, porque eu vou tentar comprar para mim".

Acabei convencendo a Votorantim a fazer a operação, mas foi o único momento da minha relação com o dr. José em que tivemos algum atrito. O dr. Antônio, irmão dele, queria muito fazer o negócio, mas ele não. Com uma viagem marcada para a Europa, ele deixou comigo uma carta, a ser entregue à Cimento Itaú, postergando a compra. Mas, com o apoio do dr. Antônio, não a entreguei e continuei a negociação.

Quando o dr. José voltou, os negócios já estavam muito avançados, e conseguimos convencê-lo a aceitar a compra. Ele ficou bravo comigo e me "deu um gelo". Demorou quase três meses para voltar a me tratar como antes. Sofri muito, pois nossa ligação era quase como a de pai e filho. Até que um dia ele me revelou: "Meu pai ficaria muito feliz com o negócio que nós fizemos com a Cimento Itaú". Ele tinha uma profunda admiração pelo pai, o senador José Ermírio de Moraes. Esse foi um jeito elegante de me dizer: "Você errou, mas no fim tudo deu certo e eu te desculpei". Até hoje tenho uma ligação afetiva muito grande com a Votorantim. É como se nunca tivesse saído de lá.

Essa história da carta nunca entregue do dr. José é muito importante para mim, porque inaugurou uma ousadia que se tornou uma espécie de marca no meu modo de conduzir os negócios. Certa vez, ao contar essa história, me perguntaram se eu tinha guardado a carta. Não guardei.

Jornada dupla

Outra operação que me marcou nessa época foi a criação da TAM, companhia aérea. Minha família tinha participação em uma empresa chamada Taxi Aéreo Marília em sociedade com Rolim Adolfo Amaro, o comandante Rolim, que era quem entendia do negócio. Ele era trabalhador, vestia a camisa da empresa, era capaz de dar até a alma por ela, e sabia ganhar dinheiro. Mas ele e meu tio Orlando viviam se desentendendo. Até que, um dia, veio a gota d'água. Braguinha, Antônio Carlos de Almeida Braga, dono da Atlântica Boavista Seguros, era muito amigo do meu tio, e sua empresa fazia o seguro dos aviões da companhia. Tio Orlando estava viajando pela Europa quando venceram alguns desses seguros. O Rolim mandou fazer uma pesquisa, descobriu que outra seguradora fazia mais barato e fechou com ela.

Quando voltou de viagem e ficou sabendo, tio Orlando ficou furioso e me chamou. "Rubinho, não dá pra ficar com o Rolim. Quero que você vá até lá para entender do negócio, organizar tudo, e depois pode mandar o Rolim ir embora." Era 1976, na mesma época da operação de compra da Cimento Itaú. Comecei a fazer jornada dupla. Ficava na Votorantim até as cinco e meia da tarde, depois ia para a TAM e continuava trabalhando até as nove e meia da noite. Tinha comigo um gerente financeiro da Votorantim que era muito meu amigo, o Luiz Fabiani. Depois de sessenta dias, cheguei à conclusão de que quem tinha que ir embora não era o Rolim, mas meu tio. Ele atrapalhava a TAM!

Arrumamos as finanças da empresa. Naquela época existia a Vasp, uma empresa aérea que pertencia ao governo de São Paulo. Ela tinha uns aviões Bandeirantes e queria se livrar deles. Eu, Rolim e tio Orlando convencemos o então governador, Paulo Egydio Martins, a integrar os aviões Bandeirantes da Vasp à nossa empresa de táxi aéreo, recebendo o pagamento em ações preferenciais, ou seja, sem direito a voto. Nessa nova empresa, o Rolim, que era expert em aviação, tocaria o negócio. E eu seria o presidente do conselho.

Para escolher o nome da nova empresa, não mandamos fazer pesquisa de marketing nem estudos sofisticados. Foi na base do palpite e, no fim, optamos por manter a sigla TAM, mas mudar o nome para Transportes Aéreos Regionais, justificando o serviço que prestava — fazer linhas regionais, transportar pessoas para todo lado. Foi assim que a companhia ganhou uma personalidade própria e começou a dar lucro. Tirei nossos avais, porque éramos o sócio capitalista e, naquela época, o financiamento dos aviões era garantido por nossa família. Nós tínhamos 70% das ações, e Rolim tinha 30%. Depois de tudo organizado, com a TAM já crescendo, vendemos nossa parte para o Rolim. Continuei amigo dele pelo resto da vida.

Dei condição e suporte para que Rolim trabalhasse como quisesse. Para se ter uma ideia, naquela época, a importação de uma turbina demorava quatro, seis meses. Era preciso ter um estoque enorme de matéria-prima, capital de giro. Mas se procurássemos outros caminhos, em quinze dias a turbina chegava. O Rolim queria fazer desse jeito mais rápido, mas meu tio não deixava porque, como não estava na linha de frente, desconfiava de tudo. Preferia sofrer com a burocracia. Este é um dos problemas do Brasil. Quando existe controle demais, você leva as pessoas a procurarem atalhos. E o Rolim procurava brechas na lei; do contrário, a companhia quebraria.

Ele era um grande marqueteiro. Um dia, comprou um avião Fokker 100 e quis me mostrar como era por dentro: "Olha só que avião fenomenal. Senta aqui pra ver o espaço entre as poltronas!". E me colocou no assento que ficava na saída de emergência, onde o espaço era maior!

Quinze dias antes de o meu amigo Rolim morrer, tivemos uma reunião e depois fomos almoçar na TAM, como fazíamos uma vez por mês. Ele me deu uma pasta cheia de documentos e falou: "Rubinho, você vai me ajudar numa coisa. Vamos comprar a Varig". Ele queria comprar a companhia, que estava enfrentando muitas dificuldades, mas não deu tempo. Teria sido um erro enorme! A Gol comprou a empresa e perdeu muito dinheiro, enquanto a TAM, nossa antiga empresa de táxi aéreo, crescia cada vez mais.

Uma frustração

A terceira operação que me marcou não teve final feliz como as outras duas. O Comind era um dos principais bancos do Brasil, controlado por uma holding chamada Stab, cujos acionistas eram basicamente três grupos oponentes: um, formado por Votorantim, Justo Pinheiro da Fonseca e Roberto Amaral; outro formado por Carlos Eduardo Quartim Barbosa, Paulo Egydio Martins e Vail Chaves; e um terceiro acionista chamado Mario Slerca Junior. Como eu cuidava das finanças da Votorantim, uma das minhas ambições era fazer com que o grupo assumisse o controle do banco. Um dos caminhos seria comprar a participação de Slerca. Depois de algumas reuniões, ele concordou em nos vender sua participação, só faltava assinar os contratos. Eu estava muito animado.

Mas dentro de uma empresa a palavra final é sempre do dono. E, embora o negócio estivesse praticamente fechado, nas tratativas finais, dr. José Ermírio e dr. Antônio Ermírio ponderaram. Eles tinham receio de misturar os negócios e de envolver o grupo empresarial com grupos financeiros. Desistiram da aquisição. Mario Slerca, que estava fechado conosco, acabou vendendo suas ações para o grupo de Carlos Eduardo Quartim Barbosa.

Foi uma frustração muito grande para mim. Depois, o Comind, que era um dos bancos mais sólidos do país, acabou com uma história bem triste. Mal administrado, sofreu intervenção do Banco Central e suas agências foram leiloadas e distribuídas entre diversos outros bancos.

O porquê da engenharia

No final da graduação, fiz meu trabalho de conclusão com base em minha experiência no Unibanco. Trabalhava na área de financiamento, onde havia um departamento técnico que era responsável por fazer uma série de cálculos a partir de projeções de vendas, custos e fluxo de caixa das empresas para avaliar se tinham condições de pagar o empréstimo ao banco. Essa análise financeira demorava quase um mês. Quando chegava a reunião de diretoria, alguém perguntava: "E se as vendas caírem tantos por cento, o que acontece?". Lá se iam mais trinta dias de trabalho para calcular a resposta. Tudo era feito à mão! Eu coloquei isso no computador. A partir de então, a análise de sensibilidade do negócio passou a ser feita de um dia para o outro.

Na Votorantim, como diretor administrativo e financeiro, usei essa experiência para calcular os custos da empresa usando o computador. Estamos falando do início dos anos 1970, em que os computadores eram capazes de processar 500 mil instruções por segundo, um valor assombroso para a época. Mas muito longe dos bilhões de informações por segundo que as máquinas de hoje são capazes de processar. No início, o dr. José não acreditava nos cálculos e conferia tudo refazendo as contas à mão. Depois começou a ver que o negócio funcionava e era automático, não tinha erro.

Embora não estivesse atuando como engenheiro de produção, usava meus conhecimentos e minha forma de raciocinar, que fora moldada pela engenharia. Isso acontece com muitos executivos. Como no caso do Itaú, por exemplo. Eu brinco que o banco cresceu tanto porque seu ex-presidente, Olavo Setúbal, formou-se na Politécnica e levou outros tantos engenheiros de produção que se formaram lá para trabalhar com ele. A Cosan também é uma panelinha da Poli. A maioria dos diretores se formou lá.

Diante de um copo com água até a metade, o otimista diz que ele está meio cheio, e o pessimista, que está meio vazio. Outro dia, li que nessa situação o engenheiro se pergunta por que raios o copo tem o dobro do tamanho que precisaria ter. Apesar de ser uma anedota, acho bem precisa para definir o olhar do engenheiro sobre o mundo. Ele vai além do raciocínio lógico. É uma visão que prioriza o pragmatismo e a eficiência.

Costumo dizer que não estudei só engenharia de produção. Eu sou engenheiro de produção. É como minha cabeça funciona, mesmo nas situações mais simples do dia a dia. Por exemplo, se estou saindo de casa para ir a um compromisso com a Mônica e a mãe dela liga, falo para ela: "Diz que liga daqui a pouco. Do carro você fala com ela e não nos atrasa nem atrapalha nada". Estou sempre pensando em um jeito de agilizar as coisas, de torná-las mais produtivas. E essa é a tal da engenharia de produção.

Resolvi fazer esse curso por causa da abrangência dele. Aprendi a lidar com custos e com muita estatística, além de matemática financeira. É preciso usar muita álgebra para analisar as combinações possíveis nas análises das empresas, coisas que um engenheiro costuma fazer melhor do que uma pessoa com formação em administração ou economia. Eu também tinha prazer em estudar. Várias vezes, ia para a casa do meu sogro, seu Guilherme Mellão, com um grupo de colegas para fazer os trabalhos da Poli. Um dia, enquanto preparávamos um trabalho de álgebra linear relacionado à criação de galinhas, ele chegou perto e quis saber o que estávamos fazendo. Expliquei que era um trabalho de viabilidade. Ele deu uma olhada e fuzilou, deixando claro seu conhecimento: "Pode jogar tudo fora, rapaz, criação de galinhas não dá dinheiro de jeito nenhum".

Eu e meu sogro nos dávamos muito bem, ele era uma pessoa excepcional. Uma pessoa aberta, que não fez faculdade, mas era muito hábil, sabia viver. Eu brincava, dizia que ele era hippie. Trocávamos muitas ideias, ele elogiava minha capacidade de me concentrar nos estudos, meu foco no futuro. Eu passava vários fins de semana com colegas jogando xadrez e fazendo cálculo numérico integral. Para nós, era uma brincadeira, gostávamos de calcular. E sempre pensei que poderia usar isso na minha atuação como empresário. Tanto é que, quando fui trabalhar na família, usei muita coisa que tinha aprendido na faculdade e desenvolvido na Votorantim.

6
Quando se é um inconformista

COMO QUALQUER PESSOA, já fracassei algumas vezes e aprendi muito com isso. Certa vez, meu irmão quis assumir uma destilaria do sogro dele, no Mato Grosso do Sul. Eu não queria, mas aceitei por insistência do Celso. Como eu havia previsto, o negócio foi mal. No fim, tivemos que fechar a destilaria, vender as terras, a fábrica. Perdemos algum dinheiro ali, e assumo que foi um fracasso — embora eu não goste dessa palavra. Mas já virei a página. Ainda mais porque depois de algum tempo acabamos ganhando dinheiro.

O Governo Federal havia estabelecido que os preços do açúcar e do etanol deveriam ser fixados pela Fundação Getulio Vargas. Mas o então ministro Antônio Delfim Netto, por motivos políticos, assinou um despacho não autorizando o reajuste para segurar a inflação. Não era justo. Para mim, era como se alguém resolvesse construir uma praça em um terreno de minha propriedade e me pagasse o preço que quisesse pela desapropriação. Entramos com uma ação e ganhamos, conseguindo reverter os prejuízos. Mas até conseguir isso, passei por muito nervoso. Foi uma época difícil. A usina era ruim, as terras eram ruins, eu sabia que não podia dar certo. Devia ter dito desde o começo que não embarcaria naquela canoa. Foi uma decisão errada que tomei e, durante algum tempo, paguei o preço por isso.

Mas a vida é feita de decisões, e algumas das mais importantes que tomei estão relacionadas aos negócios. Não paro de pensar neles. Me irrita quem demonstra falta de interesse pelo trabalho. Ninguém precisa ser escravo do escritório, mas deixar o telefone desligado depois das seis da tarde, por exemplo, sem nenhum motivo especial, como um problema de saúde ou na família, comigo não pega bem. É sinal de que a pessoa não está interessada. Meu celular fica vinte e quatro horas on-line. Às vezes, ligo para os executivos domingo à noite, porque essa é uma hora em que, em geral, as pessoas estão descansadas, são mais criativas e têm boas ideias.

Gosto de trabalhar com pessoas que sintam orgulho do que fazem, sejam audaciosas e dedicadas. Que conhecem e respeitam meu modo de agir. Sou assim também na vida pessoal. Meus médicos são os mesmos há décadas, sabem tudo sobre minha saúde. Quando vou a uma consulta, não precisam me fazer perguntas porque me conhecem. Isso cria uma conexão e evita perda de tempo. Meus advogados também sabem de todos os meus problemas, não tenho que orientar, contar o histórico de cada caso.

Trazendo para o plano do trabalho, acredito que o líder responsável precisa estar ligado o tempo todo no trabalho, pois alguém pode precisar dele. E não deve fazer isso por obrigação, mas porque quer, porque gosta. Tenho um amigo que diz que gosta de ligar para mim porque, se não atendo na hora, sempre ligo de volta. Não faço isso só por educação, e sim porque fico curioso, querendo saber o que ele tem para me falar. Sou assim na vida profissional: quero saber das coisas. Não vou para casa sem responder às minhas ligações telefônicas de jeito nenhum.

Para trabalhar comigo, também tem que ser vaidoso. Mas é uma vaidade que faz sentido, que eu chamo de vaidade boa; é querer fazer um trabalho bem feito e se orgulhar em dizer: "fiz isso pela empresa". A empresa lucrou e produziu por causa da minha ideia, da minha sugestão, do negócio que propus. Eu aconselho: seja ansioso e vaidoso; nunca seja pessimista. Seja ansioso para saber as novidades da empresa e vaidoso com os seus méritos.

Acho que a humildade está intimamente ligada ao sucesso. É preciso ter humildade e reconhecer quando alguém apresenta uma ideia melhor que a sua. As pessoas creditam muitas invenções a mim, mas algumas delas não foram mais do que a concretização de ideias lançadas por outros. Um exemplo disso foi quando criei o açúcar VHP (Very High Polarization). Antigamente, a exportação do açúcar demerara exigia o recolhimento do ICMS (Imposto sobre Circulação de Mercadorias e Serviços) porque ele não era considerado um produto acabado. Isso se devia à sua polarização, que define a porcentagem de sacarose no produto. Durante uma reunião da associação de produtores, alguém sugeriu que a polarização do demerara fosse diferente. Isso me levou a criar o VHP, que é o açúcar bruto. Em termos de polarização, ele equivalia ao demerara para o comprador estrangeiro, mas era considerado branco para o produtor do estado de São Paulo, cuja exportação não exigia pagamento de ICMS. Assim, consegui exportar o produto bruto com um custo menor. Esse açúcar ficou famoso e, hoje em dia, o Brasil quase que só exporta essa modalidade.

A ideia do VHP não foi originalmente minha. Nasceu em uma reunião na qual algumas pessoas falaram bobagens, outras disseram coisas originais e importantes, dentre as quais escolhi uma e levei adiante. A diferença entre mim e essas pessoas é que elas dão as ideias e saem felizes da vida porque falaram aquilo. Chegam em casa, contam para a família o que disseram e encerram o assunto. Eu ouço, converso, pego as ideias e as transformo em alguma coisa de fato, que dê resultados, que se realize. Não preciso ser "dono" da ideia. Prefiro que ela seja aplicável e que funcione.

Planejamento e sorte

Viajo muito por causa dos negócios, mas aproveito para gozar de algum lazer. Se tenho uma reunião em uma terça-feira em Londres, Nova York, Paris ou qualquer outro lugar, vou no sábado e volto na quinta. Aproveito a Mônica, que vai sempre comigo, mas nunca fico desligado. Mesmo nos dias em que estamos passeando, mantenho contato com os executivos, com as pessoas que me procuram. Com planejamento, consigo fazer o que é preciso e relaxar um pouco também. Mas os negócios não param, então, também não posso parar. Não fico indisponível. Além do mais, fechar novos negócios também me faz vibrar muito.

Quando faço um negócio, não me preocupo apenas com o lucro. Claro que o dinheiro é necessário, pois tenho que remunerar os acionistas, pagar os bancos. Mas o que me realiza de verdade é empreender, fazer as coisas acontecerem e se transformarem. A compra da Esso me deu muita satisfação. A fusão com a Shell também me encheu de orgulho, porque assinalou o momento em que mudamos de ramo. Assim como o negócio da Rumo, nossa empresa de logística que acabou comprando a ALL, América Latina Logística. Quando começamos a negociar, o mercado financeiro apostava que íamos quebrar ou, pelo menos, ter muito prejuízo. E aconteceu justamente o contrário: foi o maior exemplo de sucesso de uma companhia. Investimos dinheiro, pagamos todas as dívidas e hoje a companhia fatura bem. É composta de quatro concessões ferroviárias no Brasil, totalizando 12 mil quilômetros de ferrovias, cerca de mil locomotivas e 27 mil vagões, por meio dos quais a companhia transporta commodities agrícolas e produtos industriais. Para se ter uma ideia, quando fizemos o negócio, a ação da companhia custava 2,20 reais. Hoje, apenas dois anos depois, subiu para 25 reais.

Claro que tive muita sorte também. Quando lançamos ações em Nova York e ficamos com 1,1 bilhão de dólares em caixa, tínhamos o objetivo de comprar um grupo de usinas em Ribeirão Preto. A operação não se concretizou, mas surgiu a possibilidade de comprarmos a Esso. Deixamos de ser uma empresa apenas de agronegócio e nos tornamos uma empresa brasileira de energia.

Procuro estar bem relacionado com as pessoas do governo que possuem ligação direta com meu negócio. Considero importante acompanhar de perto as questões que dizem respeito aos setores nos quais atuamos, e isso inclui participar do debate político, colocar minha opinião, argumentar. Alguns executivos consideram isso uma exposição desnecessária. Do modo como vejo, é exatamente o contrário. Pagamos quase 20 bilhões de reais por ano em impostos, geramos empregos. Claro que vou me expor. Respeitando, naturalmente, os limites que separam o certo do errado.

Sou muito próximo do ex-presidente Michel Temer, por exemplo. Nos conhecemos porque ele é de Tietê, uma cidade próxima a Piracicaba, e quem nos apresentou foi meu primo, que trabalhou com ele na Secretaria de Segurança Pública de

São Paulo. Quando eu ia a Brasília, não marcava audiência, apenas chegava e ele me recebia. Era assim desde a época em que ele foi deputado, mas nunca usei esses encontros para falar de negócios ou de interesses particulares. Ia para visitar meu amigo.

    Por vezes, exagero nas minhas colocações. Em 2003, durante uma reunião de empresários com o presidente Luiz Inácio Lula da Silva e com Dilma Rousseff, então ministra-chefe da Casa Civil, creio que fui mais franco do que meus pares gostariam. Todos estavam descontentes. Os investidores privados do setor de energia elétrica chegaram a ameaçar desligar usinas por discordarem do novo modelo proposto pela ministra. A discussão era em torno do preço de venda da energia elétrica, que é estipulado pelo governo e estava abaixo do que a gente considerava justo. Eu decidi lembrar que o risco de um novo apagão pairava sobre o país e, ao final da minha intervenção, disparei: "Dilma, eu não vim aqui dizer o que a senhora quer ouvir, e sim o que deve ser dito: a senhora está pisando no lodo e não sabe o que tem debaixo dos pés". Infelizmente, naquela ocasião, o governo não voltou atrás na decisão tomada.

    Não foi a única vez que confrontei Dilma Rousseff. Alguns anos depois, quando ela já era presidente, seu governo causou um prejuízo de cerca de 40 bilhões de reais para o setor sucroalcooleiro, quando congelou o preço da gasolina entre 2011 e 2014. Isso nos prejudicou, porque o preço do etanol é 70% do preço da gasolina. Com o valor do combustível abaixo do mercado internacional, a competição era injusta. O consumidor preferia encher o tanque de gasolina, que rende mais, enquanto o álcool encalhava. Encontrei a Dilma, e ela me disse: "Agora que ganhou dinheiro, você não investe mais em álcool nem em açúcar". Respondi: "Presidente, eu não sou burro. Não vou botar dinheiro onde vou perder".

Não parei de brigar para mudar isso. Tanto que, em 2014, quando recebi o título de Personalidade do Ano, em Nova York, fiz duras críticas a ela no meu discurso. Quando acabei, pensei comigo mesmo: "Será que exagerei?". Ela ficou muito brava comigo. Dois dias depois, encontrou com um diretor nosso e disse: "Não gostei nada do que o seu chefe falou ontem em Nova York". O mais importante para mim, porém, é que o tempo provou que eu estava certo.

Faço essas coisas e tenho essa postura porque quero dar um jeito de corrigir o que acho errado. O setor de açúcar e álcool é muito cíclico, tem entressafra. Percebi que era preciso criar condições para torná-lo mais dinâmico. Procurei fazer investimentos no que tinha fluxo de caixa constante. Começamos a investir em geração de energia elétrica, depois fomos para os terminais de açúcar, trouxemos muita inovação para o processo de exportação. Em seguida, investimos na distribuição de combustível, com a compra da Esso e a fusão com a Shell. Na minha cabeça, ao liderar essas operações, eu tinha como objetivo defender o etanol, proteger o negócio. Para isso, fazia um grande investimento intelectual em cada projeto, tentava prever cenários, avaliava que caminhos tomar se algo desse certo, o que fazer se não funcionasse. Traçava planos A, B, C e D para cada projeto. Era como um jogo de xadrez, em que se deve prever alguns lances à frente do adversário.

Esperar acontecer

Quando se pensa em alguém inconformista, a primeira imagem que vem à cabeça é a de uma pessoa impaciente, que quer mudar as coisas na marra. Não é o meu caso. Considero a paciência uma virtude para atingir os objetivos desejados.

Uma vez li numa matéria um depoimento de Marcelo Gomes, um consultor de fusões que trabalhou conosco, que me define bem: "Ometto é tido como um negociador duro e paciente. Ele leva quem está do outro lado da mesa ao limite".* É verdade. Quando quero muito fechar um negócio, posso esperar dez anos, engolir muito sapo e ouvir desaforos fazendo cara de paisagem. Sou um inconformista. Não me deixo vencer pelas dificuldades e nunca me conformo até conseguir o que desejo.

Nesses casos, recorro à figura do intermediário, pois nem sempre meu sangue quente aguenta a "linha de frente" das negociações. Só que meus intermediários precisam ser inconformistas como eu, caso contrário não dá certo. Falo para eles sobre a história — uma lenda, mas com fundo de verdade — de um amigo meu, o Zé Mario Oliva, um dos intermediários mais persistentes que já conheci. Um dia, ele levou uma proposta de outro amigo para comprar uma fazenda, bateu na porta do dono e perguntou: "O senhor quer vender a fazenda?". O proprietário falou: "Não, não quero vender". Ele retrucou: "Mas vende a fazenda". No que ouviu de volta: "Eu não quero vender a fazenda". Com tanta insistência, o fazendeiro ficou tão nervoso que acertou um murro na boca do Zé Oliva, que não se abalou e fez uma nova oferta. Ainda mais impaciente, o dono pegou uma espingarda e deu um tiro no pé dele, que caiu e ainda foi mordido pelo cachorro. Mesmo cambaleando, ele saiu correndo, entrou no carro, voltou todo rasgado, ensanguentado, e falou para o comprador: "Ele está louco para vender a fazenda".

---

* Disponível em: <jornalcana.com.br/o-maior-usineiro-do-mundo>.

7
Sempre em movimento

EU ME CONSIDERO UM INCONFORMISTA e um estrategista. Sempre fui. Sou engenheiro de formação, mas me transformei em "advogado" pela prática e observação. Consigo mapear uma questão jurídica e traçar uma estratégia com uma linha mestra bem definida e um nível satisfatório de detalhes, que delego aos especialistas. Dizem que o diabo está nos detalhes, então deixemos que os advogados cuidem deles.

Nunca aceitei as coisas serem como são sem uma explicação que me convença. Um diretor que me propõe alguma operação nova, ou mesmo uma solução para um problema que estejamos enfrentando, precisa me explicar o racional por trás da ideia. Escuto e, se fizer sentido, apoio e vamos em frente. Mas se ele não me trouxer a racionalidade na explanação, não respeito. Nunca aceitei que me dissessem o que fazer, mesmo quando não era eu quem decidia. Queria que me instruíssem sobre o porquê de eu fazer algo.

Houve uma época em que as usinas eram obrigadas a usar

sacaria de juta na exportação de açúcar, por causa de um lobby feito pela indústria têxtil. Para nós, produtores, ficava muito caro e, por isso, procurei uma solução mais barata na indústria química. Consegui que desenvolvessem um saco de propileno que custava um terço do valor do saco de juta e que não oferecia risco à saúde. Tentaram nos impedir de usar o saco de propileno, mas eu jamais aceitaria uma regra baseada em lobby. Levamos o caso para a Justiça e ganhamos. No início dos anos 1980, o uso de derivados de petróleo não era um problema como é hoje. Tanto que nunca fomos questionados por causa disso. Na época, minha única preocupação era que o saco de propileno custava três vezes menos que o saco de juta. Mas minha percepção foi mudando com o tempo, e, se fosse hoje, não faria essa substituição.

Quando adquirimos a Comgás, havia clientes que não pagavam a conta de gás e continuavam recebendo o fornecimento normalmente. Um deles era um fabricante de cerâmica, que usava muito gás nos fornos e já estava com meses de atraso. Eu disse: "Corta!". Tentaram me convencer de que não podíamos porque ele iria fechar a fábrica sem o fornecimento de gás. Ele queria muito ter um negócio no qual não precisasse pagar pela matéria-prima. Não é uma explicação razoável.

Também tive problemas com a Petrobras, que, no passado, tentou impor condições que estavam fora do contrato. A Interbras, uma subsidiária da estatal que exportava etanol, comprou álcool da Cosan. Nós entregamos no prazo e ela demorou 120 dias para pagar. Além disso, não queria arcar com os juros pelo atraso. Era a época da inflação galopante no país, e os juros eram realmente altos. Só que a estatal já tinha encomendado outro lote de álcool nosso, especial para exportação, que ainda não tinha sido entregue.

Decidi vender o álcool especial para outro comprador. Quando quiseram receber o produto, respondi que já tinha vendido e que ainda estava esperando receber pelos juros do atraso no pagamento do primeiro. Assinou, tem que cumprir. Contrato não se rasga. Um trato não é mais um trato quando uma das partes deixa de cumprir o estabelecido. Ao final, só conseguimos receber o dinheiro que nos deviam depois de processá-los. Demorou, mas pagaram.

Embora eu seja bastante racional nos negócios, respeito e manifesto minhas emoções também. Algumas vezes, minha primeira reação é guiada pelo emocional, aquela coisa de sangue quente. Já em outras, a razão prevalece. Várias vezes na minha vida profissional estourei com alguém, fui duro e exagerei com funcionários. Depois de duas, três horas, chamava a pessoa de volta e pedia desculpas. Não tenho nenhum problema em fazer isso. Acho que um líder deve saber reconhecer quando errou.

O líder

Nas usinas, o apito das caldeiras marca o início da nova safra. Pelo som, é possível saber se a safra é boa e se os mecanismos estão trabalhando com toda a força possível. Por muitos anos, o que marcou o estilo da família Ometto nos negócios foi: trabalhar muito, trabalhar junto e estar sempre perto da usina, ouvindo o apito das caldeiras.

Meu avô, Pedro Ometto, foi inovador na família, delegando a administração a outros integrantes e dividindo o poder com eles. "Não era homem de ficar muito na usina. Controlava tudo de longe e tinha uma visão geral do conjunto do trabalho,"*

---

* *Os Ometto*, de Margarida Cintra Gordinho. São Paulo: C.H. Knapp, 1986. 152p.

está registrado no livro sobre a história da nossa família. Entretanto, lembro que ele e os irmãos passavam lá em casa todos os domingos, pegavam meu pai e iam percorrer a lavoura para conferir se tudo estava funcionando direitinho. Essa era sua maneira de liderar os negócios, centralizando e, ao mesmo tempo, delegando tarefas. Eu me identifico com essa forma de pensar.

Os motivos para centralizar são vários. Não acredito em negócio que não tenha dono, que não tenha líder, aquele que segura a batuta e marca o ritmo de como a orquestra deve tocar. As empresas que têm um comandante são muito mais eficientes do que as grandes corporações que não têm. Se não há alguém cobrando e exigindo performance, o negócio não anda. Os funcionários começam a querer agradar o chefe imediato, pensando mais na promoção e menos no negócio. Os investidores querem alguém que passe confiança, que assuma o papel de gestor da companhia, entenda do assunto e tenha gosto por administrar.

Delegar, por outro lado, é uma necessidade. Tem um exemplo muito bom de um banqueiro amigo meu. Ele era o controlador do banco da família, que era muito rica. Um dia, reuniu todos e anunciou que venderia o banco. A reação geral foi de desaprovação. "Mas como? Não pode, é o negócio da família!" Ele confirmou que venderia porque, para crescer, é preciso profissionalizar e delegar poderes. "Eu não sei fazer isso", declarou. Muita gente é como ele. Não é o meu caso. Consigo delegar. Desenvolvi um sistema pelo qual controlo os negócios de maneira bem dinâmica. Consigo ter informações sobre como tudo está caminhando e que são suficientes para eu ficar tranquilo ou fazer alguma intervenção, uma correção de rota, se necessário. Costumo dizer que estou em lugares onde nem imaginam. Quando era mais novo, achava que só conseguiria controlar os negócios com a caneta e o cheque nas mãos. Mas aprendi que para crescer teria que delegar e, para isso, precisaria ter um grupo de pessoas de confiança e um método para acompanhar as coisas sem que eu tivesse que entrar nos detalhes.

Sempre digo que "não se deve confundir trepidação com velocidade". Tem gente que fica trabalhando alucinadamente, cumprindo suas tarefas, sem pensar no que está fazendo. Está apenas trepidando, achando que está produzindo, mas não sai do lugar. E tem aquele que consegue fazer um negócio andar mais gastando muito menos energia. O segundo é muito mais produtivo que o primeiro. Em seu auge na Fórmula 1, quando se tornou tricampeão mundial, Ayrton Senna dirigia com uma suavidade assustadora. O carro não derrapava. Dava a sensação de que ele estava devagar, e, quando víamos, o tempo dele era o melhor de todos. Enquanto isso, sempre havia aqueles que vinham derrapando, que pareciam estar "voando", mas ficavam para trás. Nos negócios, quero ser sempre como Senna.

Desde que assumi os negócios da família, meu objetivo foi a expansão. Nunca fui de percorrer lavoura ou de me guiar pelos apitos das caldeiras. Então, foi preciso delegar. Hoje em dia, seria impossível controlar sozinho o movimento de 6500 postos de gasolina, 26 usinas de açúcar, 1 milhão de hectares de plantação de cana, a fabricação do álcool, as vendas, a distribuição, a cobrança, as relações com o governo e com os compradores no exterior.

Para alguém que está à frente de várias companhias, o tempo é sempre uma questão. Às vezes tenho a impressão de que me faltam horas, dias, meses. Quando pisco os olhos, o ano já está terminando e tenho que correr para fechar tudo o que programei fazer nos doze meses. Por isso preciso de pessoas competentes à minha volta, para me ajudar.

Faça o que sabe fazer

Meu avô dizia que "temos que ganhar dinheiro com aquilo que sabemos fazer para ganhar dinheiro". Durante minha trajetória, sempre considerei esse ensinamento valioso, tanto ao fazer minhas escolhas quanto ao aconselhar os amigos. Eliana Tranchesi, dona da Daslu, foi uma grande amiga minha e da Mônica. Uma das pessoas mais batalhadoras e determinadas que já conheci, de competência extraordinária, sempre se aconselhava comigo sobre negócios. Certa vez, quando sua loja, na Vila Nova Conceição, em São Paulo, já era a principal referência em artigos de luxo no país, ela me disse que estava pensando em abrir filiais ou, talvez, um shopping. Respondi que achava uma bobagem porque ela era uma grande designer e uma vendedora fantástica. "Não desvie sua atenção daquilo que sabe e tem talento para fazer. Se for se aventurar fora dessas áreas, vai se dar mal." Realmente, a Daslu acabou passando por recuperação judicial e foi vendida em 2011, um ano antes de Eliana falecer em decorrência do câncer.

Muita gente pensa em estudar procurando uma carreira que "pague mais", e isso é um erro. Não se deve procurar emprego olhando apenas para o salário. Não dá certo querer entrar em um ramo de negócio apenas pelo dinheiro, sem ter talento, porque dificilmente a pessoa conseguirá ser bem-sucedida na área. Estará sempre atrás dos que têm aptidão para aquela atividade. Até acredito que seja possível um grande cientista se transformar em um empreendedor, mas ele jamais renderá da mesma maneira, não terá o mesmo êxito que teria como cientista. Vi isso acontecer em uma usina vizinha à da Barra. O filho do dono da usina foi estudar na Politécnica e tornou-se um engenheiro químico brilhante. O pai, entretanto, obrigou o rapaz a continuar o negócio em vez de seguir carreira científica. Resultado: a usina quebrou.

Certa vez, em uma palestra, alguém da plateia me perguntou se eu estava ali como empreendedor, para ensinar a dar o "pulo do gato". Sou convidado para fazer palestras sobre agronegócio, energia e também sobre a parte política relacionada a esses negócios. Nem sempre aceito, porque preciso ter tempo para me preparar. Não posso falar um monte de bobagens ou fazer uma apresentação confusa. Teria vergonha e me sentiria um farsante. Gosto de falar espontaneamente, por isso, preciso ter as ideias bem estruturadas na cabeça, para não esquecer nenhum detalhe importante e estar preparado para responder às perguntas da plateia.

Nesse dia, tive que improvisar. Ninguém consegue ensinar o "pulo do gato", porque isso é algo que está dentro de cada um. Então, alguém que queira se mirar num exemplo de vida, numa pessoa com quem se sinta identificado, deve prestar atenção nessa pessoa, observar, tentar entender por que ela seguiu esse caminho e não aquele. Ou seja: tem que aprender a dar o tal "pulo do gato" por si mesmo.

Cada um deve atuar em sua própria área. Um empreendedor deve se cercar de profissionais com competências complementares às suas, e é muito importante que sejam pessoas em quem ele possa confiar. Porque não se pode simplesmente entregar a chave do cofre e esquecer que o tesouro lhe pertence. Sempre fui muito preocupado com isso. Minhas empresas sou eu quem controla. Mas quando é preciso transferir tarefas e poderes para os executivos, sei delegar. Para isso, é importante saber escolhê-los.

Time de primeira linha

As usinas de açúcar e álcool sempre carregaram a fama de serem tocadas por coronéis, por grandes famílias, sem uma gestão profissional. Eu mesmo arrumei discussões com a minha família para conseguir colocar nas funções principais pessoas capacitadas que não eram parentes. Por causa desse meu posicionamento, briguei com primos, tio, irmãos e até com a minha mãe. Ao mesmo tempo, posso dizer que, apesar de ser uma empresa grande, a Cosan é uma grande família. Tenho um relacionamento muito franco com todos os executivos. Eles entram na minha sala a hora que querem, ligam para o meu celular quando precisam.

Paulinho Malzoni, um amigo meu, conta que, quando ia contratar um executivo para um projeto importante, pegava os vinte melhores currículos já separados pelo RH. Lia com atenção, analisava a habilidade de cada um e, então, selecionava os seis melhores. Para chegar ao candidato vencedor do processo seletivo, jogava todos para o alto e pegava um. Aquele seria o executivo contratado. Ele dizia: "O profissional precisa ter sorte. Os outros cinco são bons, mas são todos azarados". Eu acredito na sorte, mas prefiro escolher os profissionais que vão trabalhar comigo.

Posso dizer, sem medo de errar, que sei identificar rapidamente um bom profissional, perceber se um candidato está apto a ocupar determinado cargo. Em dez minutos de conversa já vejo se a pessoa é boa no que faz. Para isso, conto com minha experiência e capacidade de observação, por meio de uma boa conversa. Vou registrando o entusiasmo do candidato por uma coisa ou outra, se ele se solta quando abordo determinados assuntos. Mesmo que um profissional esteja procurando uma vaga num departamento de compras, por exemplo, não posso encaminhá-lo para lá caso perceba que na verdade o talento dele é para vendas.

Muitas empresas se utilizam do recurso do headhunter para contratar bons executivos. Eu não gosto. Creio que o headhunter pode saber quem é um bom profissional, aqueles com bom currículo e boas qualidades técnicas, mas não tem o sentimento do dono, que conhece sua empresa e sabe quem se encaixaria bem em cada departamento.

Tenho um time de primeiríssima linha. Todos os executivos de minha confiança foram escolhidos por mim. Brinco que eles trabalham enquanto eu bato papo. Posso citar alguns. O Pedro Mizutani, que atualmente é representante institucional da Raízen em importantes discussões do setor sucroenergético, tem uma formação fantástica. É engenheiro como eu, pela Escola Politécnica da USP. Além disso, é uma pessoa com uma enorme capacidade de trabalho e com uma lealdade e uma dedicação admiráveis. O Pedro me ajudou muito na formação dos executivos. Quando conversei com ele pela primeira vez, percebi que possuía uma ótima visão estratégica, uma cabeça brilhante. Ele é alguém que quero que fique comigo a vida inteira.

O Marcelo Martins é um notável CFO e excelente no relacionamento, sabe tudo o que acontece no mundo empresarial. Ele entrou no nosso grupo para ser CEO da Companhia de Terras da Radar, uma empresa de empreendimentos e fazendas. Logo percebi que ele tinha uma habilidade fora do comum para lidar com finanças. Foi se desenvolvendo e hoje trabalha de acordo com seu talento.

O Marcos Lutz é uma pessoa de uma cultura imensa, engenheiro da Poli também, trabalhador, consegue montar uma boa equipe como ninguém. Além de todo o trabalho operacional que exerce, tem me ajudado a construir uma escada sucessória na empresa. O Marcos entrou na Cosan para ser diretor comercial. Logo notei suas habilidades, que lhe permitiam comandar diversos setores da companhia. Ele foi sendo promovido, e eu o treinei para ser o primeiro CEO da empresa fora da família. Hoje ele é membro do Conselho.

O Marcelo e o Marcos, que estiveram ao meu lado em diversas aquisições que realizamos, se complementam. Um é operacional e o outro é financeiro, da estratégia. Digo que cada um manca para um lado, ou seja, o que os faz imbatíveis trabalhando juntos não é a soma de suas qualidades, mas o fato de um compensar os defeitos do outro.

Muitos executivos faziam parte das empresas que adquirimos. Eu não os escolho pela camisa com que entraram na empresa — tanto faz se era a amarela da Shell, a vermelha da ExxonMobil ou a azul da Cosan. O que importa é a competência. Isso vale para o Luis Henrique Guimarães. Ele era da Shell e veio para ser o vice-presidente comercial da Raízen. Gostei muito do trabalho dele. Quando a gente comprou a Comgás, eu o tirei da Raízen e o coloquei para presidir a Cosan. Ele é competente, leal, correto e trabalhador, tem todas as principais qualidades que eu prezo. Estou sempre pensando na sucessão dentro da empresa e mantenho um plano B para cada executivo. Fico testando movimentações, desenhando organogramas na minha cabeça, preparando-me para qualquer adversidade ou surpresa.

Valorizo muito quem já está comigo, em vez de procurar talentos fora da empresa. Poderia citar diversos funcionários que cresceram aqui, como o Beto Abreu, que veio da Shell, se tornou vice-presidente da área de Açúcar e Álcool da Cosan e é o presidente da Rumo. O Nelson Gomes, que era presidente da ExxonMobil, veio trabalhar conosco em lubrificantes, e agora assumiu a Comgás. Ou o Ricardo Mussa, também engenheiro da Poli, que nós trouxemos para ser o CEO da Radar. De lá, ele se tornou presidente da Moove, que é o braço de lubrificantes do grupo, passou a diretor e depois a presidente da Raízen.

Gosto de apostar nos jovens, que têm energia para tocar a empresa. Toda essa turma está na faixa dos quarenta, 45 anos. O velhinho sou eu.

Fazer o bem

Não canso de agradecer a Deus por tudo o que tenho. Também sou grato às pessoas que me cercam na vida profissional, aos milhares de colaboradores das empresas do grupo, pela confiança nos nossos negócios e pelo esforço que dedicam diariamente. Mas entendo que apenas a gratidão não basta. É preciso demonstrá-la do modo mais concreto possível, e procuro fazer isso. Para tanto, criamos a Fundação Raízen e participamos do ICE, Instituto de Cidadania Empresarial, que me despertou para a questão social.

O início de tudo, na verdade, foi quando Cristina Turner Marques, melhor amiga da Mônica, me convidou para adotar financeiramente uma criança da Associação Obra do Berço. Essa amiga, Cristininha — era como a chamávamos, hoje infelizmente já falecida —, trabalhava com outra amiga nossa, Renata Nascimento, nessa instituição dedicada a ajudar crianças carentes de Paraisópolis. Não pensei duas vezes e adotei uma criança. Com isso, passei a frequentar a Obra do Berço e tive uma sintonia muito grande com a Renata, que presidia a instituição com muita competência. Depois de criar uma diretoria independente e organizar as finanças da associação, Renata montou o ICE e me convidou para ser conselheiro. Foi um desafio maior, porque a função do ICE era desenvolver nas comunidades carentes projetos administrados e cogeridos pela diretoria do instituto e por lideranças empresariais e sociais. Além disso, tinha a importante missão de convencer jovens empresários a ajudar o terceiro setor.

Trabalhei muito próximo à Renata nesse projeto. Visitamos diversas empresas, levantamos fundos, e o ICE acabou se tornando um sucesso, autossustentável, com diretorias independentes. Essa experiência me fez pensar em ajudar as pessoas em condições vulneráveis. E lembrei-me de uma frase do dr. Antônio Ermírio de Moraes, que dizia que "fazer um cheque é muito fácil. Difícil é você dar o seu tempo, sua experiência e sua dedicação para ajudar as pessoas".

Começamos, então, a criar a Fundação Cosan, presidida pela Mônica e que, mais tarde, deu origem à Fundação Raízen. No início, o objetivo era cuidar de filhos dos trabalhadores das usinas e, agora, as iniciativas da Fundação já alcançam comunidades que não têm, necessariamente, vínculos conosco. São várias unidades espalhadas por todo o estado de São Paulo, atendendo mais de duas mil crianças. Embora cada uma trabalhe com um modelo próprio, todas funcionam como uma escola, educando as crianças e também orientando as famílias. Sempre que possível, visito uma das unidades. Gosto de estar por perto, ver com meus próprios olhos, ouvir as crianças que são atendidas.

Para mim, os pequenos momentos são os mais tocantes nesse trabalho. Quando conheço histórias de crianças que ajudamos a formar, sinto que estamos contribuindo para transformar a sociedade. Isso é muito gratificante. Em Piracicaba, havia uma menina que sonhava em aprender francês e, nessa época, tínhamos um sócio francês na companhia. Ela aprendeu o idioma e um dia conversou em francês com ele. Estava muito orgulhosa de sua conquista, e nós, que presenciamos, ficamos muito emocionados. Não vou esquecer nunca.

Outro momento marcante foi quando houve uma sessão especial de cinema, em Piracicaba, para crianças de várias creches, inclusive a da Fundação. Os organizadores, depois do evento, estavam encantados com a boa educação das nossas crianças. A Mônica não cabia em si de felicidade e satisfação.

As coisas simples da vida

Posso dizer que, no fim, me saí muito bem como empresário. Por tudo o que conquistei, toda a minha trajetória, graças a Deus, sou um homem feliz. Um grande amigo costuma brincar comigo dizendo que eu tenho o dinheiro, mas ele que é feliz, porque não precisa se preocupar com as mesmas coisas que eu. Talvez ele esteja certo em um ponto: a felicidade não tem a ver apenas com o fato de alguém se dar bem na vida. Seja qual for o nível de realização de uma pessoa com suas conquistas, só é feliz quem faz aquilo de que gosta. Isso inclui os pequenos prazeres da nossa existência. Por exemplo, não sou um cervejeiro, especialista no assunto nem interessado em experimentar todas que encontro. Mas aprecio uma boa cerveja. Minha preferida é a da Grolsch, uma holandesa, porque é mais forte.

Gosto de trabalhar, de empreender. Também gosto das coisas boas da vida, mas não sou um exagerado. Logo que me casei, quando trabalhava como funcionário da Votorantim e ainda não tinha me envolvido nos negócios da família, eu e Mônica vivíamos sem luxos. Acho que foi nessa época que desenvolvi o hábito de pechinchar, chorar na hora de pagar qualquer conta.

Acredito que as pessoas se adaptam ao tempo em que vivem, às situações que se apresentam a elas. Apesar das limitações que as circunstâncias da vida vão nos impondo, vivemos do modo que nos parece mais comum e rotineiro. É como eu vivo. Sofri muito enfrentando as crises de pânico sem entender o que eram. Forçava-me a enfrentar situações que me davam medo, mas era um sufoco, e só a Mônica sabia disso. Em uma conversa com o dr. Fábio Pileggi, pediatra das minhas filhas, a Mônica comentou sobre os meus sintomas. No dia seguinte ele ligou e disse: "Acho que sei o que ele tem. É síndrome do pânico". Indicou-me para o dr. Valentim Gentil, um dos mais influentes profissionais da psiquiatria brasileira. Fui, e minha vida mudou.

Ninguém nasce com a síndrome do pânico; existe sempre alguma coisa que a desencadeia, que provoca a primeira, a mãe de todas as crises. Acho que, no meu caso, foi minha cobrança interna muito grande, minha vontade de que as coisas dessem certo, de arrumar o que estava errado. Isso me deixa ansioso, algumas vezes. O terrível é que as crises nunca acontecem nos momentos de tensão. Durante uma batalha, fico sempre ótimo. Mas no meio de uma calmaria, a crise vem. Alguma coisa mexe dentro de mim. Como logo reconheço os primeiros sinais, já tomo o remédio e fico equilibrado, durmo bem. Minha irmã Celisa é muito parecida comigo nesse ponto. É uma engenheira brilhante, sempre foi ótima aluna e, assim como eu, tem síndrome do pânico e toma remédio.

Além da medicação para a síndrome do pânico, tomo apenas mais dois medicamentos: um para hipoglicemia e outro, preventivo, para controlar a pressão, porque tenho histórico familiar de pressão alta. Acho que é mais fácil manter a saúde sob controle quando se leva uma vida equilibrada, com uma rotina estruturada. Acordo às oito horas da manhã. Chego ao escritório às nove. Terças e quintas jogo tênis do meio-dia à uma e meia e, depois, trabalho no escritório até as sete. Só saio dessa rotina quando viajo. Em geral, fico fora uma semana por mês.

Gosto de uma boa novela. Quando viajo, faço maratona no avião e vejo vários capítulos de uma vez. Aproveito para ouvir música. Adoro Frank Sinatra, Beatles, Charles Aznavour. Do Brasil, gosto muito de música sertaneja. Zezé Di Camargo e Luciano, Chitãozinho e Chororó, Bruno e Marrone, Michel Teló, Simone e Simaria, Roberta Miranda.

Sou um sujeito urbano. Quando jovem, andava muito a cavalo, mas era quase que por obrigação. Achava que tinha que fazer isso porque meus primos faziam. Mas nunca gostei. Houve uma época em que eu e meu irmão íamos com meu pai para nosso rancho em Itapura, na afluência do rio Tietê com o Paraná. Os dois saíam para pescar, caçar e eu ficava no rancho brincando com outras coisas. Gosto da paz, do sossego do interior, mas sou mesmo da metrópole. Adoro São Paulo. Gosto muito de viver nesta cidade grande que me contemplou, no ano de 2020, com o título de Cidadão Paulistano. Fiquei muito feliz.

Ia muito a Piracicaba quando minha mãe ainda era viva. Hoje em dia, chego a passar mais de dois meses sem ir, mesmo com meus irmãos ainda morando lá e a fazenda onde passo meus fins de semana sendo próxima da cidade. Passei menos tempo em Piracicaba do que em São Paulo, mas minha relação com a cidade ficou "no meu sangue". A Piracicaba do meu tempo era mais romântica. Talvez porque eu fosse muito novo, ainda criança, e tivesse uma percepção mais pura da cidade. Saía de casa a pé e não pagava nada nos lugares — eles depois mandavam a conta para meu pai, que conhecia todo mundo. Meu pai parava o carro na praça, deixava aberto e com a chave na ignição. No clube que eu frequentava, todo mundo era conhecido. Hoje já não conheço ninguém. A cidade cresceu muito, ficou industrializada. A gente fica procurando a cidade da nossa infância, porém ela não está mais lá, continua a mesma só em nossa memória.

8
Instinto empreendedor

EM MINHA EXPERIÊNCIA EMPREENDEDORA, não me prendo a planos. A cada passo que avanço, o futuro e o andamento dos negócios me levam a dar o próximo. Nas palestras que já fiz, costumava brincar que mentiria quando escrevesse um livro, dizendo que tudo na minha vida profissional tinha sido planejado. Mas como me obriguei a dizer apenas a verdade, tenho que deixar bem claro: nada na minha trajetória foi planejado, porém foi pensado. E existe uma diferença grande entre uma coisa e outra.

Pensar primeiro, planejar depois e, por último, maximizar. É esse o passo a passo. Tem um diretor meu que fala assim: "Quando você compra uma empresa e tem espírito de administrar, de fazer, fica igual ao Mario Bros. — você chuta uma planta e sai de lá um monte de moedinhas de ouro. Parece que foi por acaso, mas o fato é que você nunca erra o chute nem a planta".

Uma história que ilustra bem esse caminho é o surgimento da Rumo, que começou com a nossa entrada no porto de

Santos. Começamos lidando com açúcar e álcool e, então, conseguimos a primeira cota privada do país para exportação de açúcar. Antes a exportação era feita pelo governo, através do IAA — Instituto do Açúcar e do Álcool. Os terminais, entretanto, continuavam sob administração do governo, e o custo para passar o açúcar do caminhão para o navio era muito alto. Começamos a defender a privatização dos terminais de açúcar da Companhia Docas do Estado de São Paulo, a Codesp, em Santos. Foram privatizados três. Ficamos com um, e a Copersucar e a usina Nova América, com os outros dois. Com o terminal, começamos a reduzir custos, o que rendeu capital para comprar o terminal vizinho da Nova América.

Com a ampliação do terminal, aumentamos o volume exportado e vimos a necessidade de transportar nosso próprio açúcar para reduzir ainda mais o custo. Compramos alguns vagões e uma locomotiva para usar nos trilhos da ALL, América Latina Logística, que era dona dos trilhos e dos trens que operavam dentro do terminal. Depois de um tempo, a ALL começou a desviar os meus vagões para transportar soja. Nessa época a empresa já estava em dificuldades financeiras, e percebi que, se ela quebrasse, nosso negócio poderia ser prejudicado. Foi quando compramos a ALL e a transformamos na Rumo, que hoje é responsável por grande parte da logística do agronegócio brasileiro, com atuação no Mato Grosso, Mato Grosso do Sul, São Paulo, Paraná e Rio Grande do Sul. É uma grande potência que começou com a compra de uma cota da antiga Codesp.

Da mesma forma, sem planejar, acabamos comprando a usina Nova América, que era uma usina muito menor que a nossa. Quando adquirimos os terminais de exportação de açúcar, em Santos, somente eu tinha cota privada e não exportava pelo IAA. Percebi que vender o produto a granel era mais rentável e tinha um mercado maior, por isso preparei meu terminal para embarcar açúcar demerara, que era o tipo exportado dessa forma. Meus concorrentes que também tinham terminal, a Nova América e a Copersucar, comercializavam açúcar branco ou cristal, que eram vendidos ensacados e geravam lucro menor. Com isso, cresci muito mais que eles, especialmente depois que o demerara se tornou o VHP e passei a exportar sem pagar ICMS. Já a Nova América acabou entrando em dificuldades. Quando soube disso, propus ao proprietário uma fusão, na qual eu ficaria com uma participação menor. Passados alguns anos, efetuamos a compra e eu assumi o controle da usina, que fica na região de Assis, em São Paulo.

Claro, ninguém é infalível. Aconteceu também de eu enxergar alguma oportunidade e não conseguir concretizar o negócio que imaginei. Fizemos um IPO na Bolsa de Valores de Nova York para comprar uma usina, prevendo expandir nosso negócio. A operação de venda das ações foi um enorme sucesso, mas todo o dinheiro arrecadado ficou no caixa da empresa: não quiseram nos vender. Por outro lado, surgiu um negócio muito maior, a compra da Esso, porque seus controladores estavam saindo do Brasil.

Quando compramos a Esso, a parte de lubrificantes veio no negócio, e a Shell não teve interesse pela operação logo que fizemos a fusão. Como únicos donos do negócio de lubrificantes, desenvolvemos as tecnologias de produção e vendas e criamos a marca Moove. Pagamos 900 milhões de dólares pela Esso, adquirindo um ativo líquido, e, hoje, só a Moove vale praticamente o que pagamos. De novo, mais um exemplo sobre como vejo o passo a passo do empreendedorismo: tudo começou porque eu queria muito comprar uma usina de açúcar e não consegui.

Fomos os maiores investidores do Brasil na produção de energia elétrica a partir da queima do bagaço de cana. O gasoduto que sai da Bolívia e vem até Paulínia, no estado de São Paulo, passa colado às nossas usinas. Então, eu quis comprar a GasBrasiliano, uma empresa italiana responsável pela distribuição de gás canalizado no noroeste de São Paulo, pensando em produzir mais energia elétrica com o gás. Estudamos e planejamos o negócio todo. Quando a GasBrasiliano foi colocada à venda, a concorrência teve dois lances, sendo que no primeiro eram selecionadas as três maiores ofertas. As que passaram para o segundo round fomos nós, que oferecemos 60 milhões de dólares, a Petrobras, com 50 milhões de dólares, e a Mitsui & Co. A Petrobras, então, ofertou 220 milhões de dólares, e nós fomos o segundo colocado, com uma oferta de 95 milhões de dólares. Liguei para a Graça Foster, que era presidente da Petrobras, e sugeri que desistissem para se associarem a nós, e compraríamos por 120 milhões de dólares. Eu disse: "Vocês vão ganhar muito!". Mas ela respondeu: "De jeito nenhum! Nem pensar".

Nesse vaivém da operação de compra, ficamos conhecendo o negócio de gás e gostamos dele. Isso nos levou a comprar a BG e a Comgás, que é uma empresa fantástica. Para mim, todo o processo de negociação é emocionante, pois tem lances de muito suspense, daqueles que dão até um frio na barriga. É muito gostoso.

Perseverança

Apenas um terço dos nossos negócios está no mercado interno, a maioria das empresas de açúcar que comando é basicamente de exportadoras. Nesse terreno, ainda há um trabalho enorme a ser feito para melhorar a comercialização do açúcar brasileiro. Brigo muito e pressiono o governo para fazer o Brasil lutar pelo nosso produto. Somos o maior produtor de açúcar do mundo, com o menor custo, mas não podemos aumentar as exportações porque os outros países criam barreiras de proteção à produção doméstica. O açúcar é o produto mais protegido no mundo inteiro. Mas vamos lutar contra o subsídio do açúcar na Índia e a taxação na China, nos Estados Unidos e na Europa na Organização Mundial do Comércio (omc). Ainda assim, conseguimos exportar para vários países. Hoje, a maior parte do açúcar que produzimos vai para os países da Ásia e do Oriente Médio.

Temos um trabalho grande para convencer os Ministérios da Agricultura e das Relações Exteriores e até a associação de produtores a enfrentar essas barreiras. Algumas batalhas já ganhamos, mas ainda falta muito. Se não for possível acabar com ele, sei que uma hora vamos conseguir pelo menos diminuir o protecionismo dos importadores. Sou insistente, mas também sei esperar.

Já demorei dez anos para comprar uma usina. Se estou interessado, procuro os donos, e eles dizem que não vendem de jeito nenhum. Insisto, ouço desaforos, mas sempre volto à carga até que, uma hora, ganho o jogo. Os donos — seja a família ou os sócios — não aguentam a pressão: "Se ele quer tanto, vamos vender!".

Quando travei disputa judicial com meus tios, que durou algum tempo, fiquei cuidando dos negócios e avaliando iniciativas paralelas para mim. Sempre quis fazer três negócios: comprar a participação de um primo nas empresas familiares, comprar uma empresa chamada União São Paulo, que tinha dez mil alqueires de terra na região de Itu, e comprar a usina da Barra, que era de outros primos. Depois de doze anos, consegui concretizar os três. Sou determinado e reconheço que também sou chato. Quando cismo que alguma coisa vai ser minha, um dia ela será.

O futuro que assusta

Falei de brigas que acontecem lá fora, pela abertura de mercados e pelo fim do protecionismo. Mas aqui dentro há algumas batalhas que também precisam ser vencidas, à custa de muita explicação e muita conversa. Uma delas é a questão ambiental.

Hoje em dia, o setor da plantação de cana e produção de açúcar é muito mais limpo. Antigamente, era preciso queimar a palha da cana para destruir o lixo e aumentar o rendimento do cortador, o chamado boia-fria. Com a proibição da queima, hoje, toda a colheita é mecanizada. Fomos os primeiros a aderir à mecanização.

O pessoal que trabalhava no corte teve que arranjar outra ocupação. Alguns foram treinados para operar máquinas, outros voltaram para suas regiões de origem. Há sempre um lado que sai perdendo. Avançar para melhorar, proteger o meio ambiente, tudo isso acaba por dispensar mão de obra que não é mais necessária. Há problema quando se deixa muita gente sem emprego, sem um meio de subsistência.

O Brasil tem vagas que já deveriam ter deixado de existir, mas ainda não acabaram por causa disso. Por exemplo, talvez sejamos um dos últimos países a ter frentistas no posto de gasolina. Na maioria dos países desenvolvidos, isso já é um autosserviço. Cada pessoa abastece o próprio carro, passa o cartão de crédito ou vai no caixa e paga. No Brasil, isso é proibido, para garantir emprego. Não é do nosso tempo, mas quando a Esso ainda pertencia aos americanos, era a empresa mais mecanizada no serviço de self-service de combustível no mundo. Mas aqui os postos tinham que ter frentista. A meu ver, a solução para isso não é manter profissões já superadas pela tecnologia só para garantir emprego, mas sim privilegiar o ensino. Investir no ensino técnico e formar profissionais para os setores de trabalho em que eles serão sempre necessários.

Embora considere a tecnologia uma aliada importantíssima na busca pelo menor prejuízo na relação entre produção e proteção do meio ambiente, ela também me assusta um pouco. A inteligência artificial está cada vez mais substituindo as pessoas na execução de tarefas — das mais simples, como limpar o chão, às mais complexas, como fazer atendimento psicológico. A Revolução Industrial provocou um frenesi em torno das relações de trabalho com a ideia da produção em série, mas ainda assim acomodou os trabalhadores nas indústrias. Já a "Revolução Artificial" pode trazer consequências mais graves para a economia: o desemprego em larga escala.

Com a máquina substituindo a mão de obra humana, presumo que milhões de pessoas vão ficar sem emprego no mundo inteiro. A mão humana vai continuar sendo necessária para comandar os computadores, mas essa especialização não requer muita gente. Como se resolve isso? Ainda não tenho a resposta exata. Os grandes empresários, junto com os governos, precisam começar a desenvolver ações sociais globais para compensar o desemprego.

9
O futuro está ali na esquina

CRESCER EM MEIO A CANAVIAIS e usinas exerceu sobre mim um fascínio absoluto por esse universo. Nem podia ser diferente, uma vez que minha família sempre foi movida por ele. Tanto que, mesmo depois de muitos anos à frente do grupo, eu não havia pensado em negócios que fugissem ao ramo sucroalcooleiro. Resisti o quanto pude. Até perceber que esse universo estava ficando restrito demais e acabar abrindo a guarda para novos negócios.

A produção de açúcar e de etanol, a essência da Cosan, está submetida à sazonalidade do período de safra. Também tem uma volatilidade muito grande, principalmente o açúcar, por se tratar de uma commodity sujeita à avaliação de preços do mercado internacional. E nós queríamos buscar alternativas após investimentos em cogeração de energia elétrica que trouxessem essa variação do portfólio e, ao mesmo tempo, nos deixassem menos sujeitos a variações macroeconômicas de mercado. Foi quando veio o que alguns chamariam de "o pulo do gato".

Pedro Ometto, meu avô, e Celso Silveira Mello, meu pai, em reunião na usina Costa Pinto, em 1957.

Meu pai pescando em Coxim, no Mato Grosso do Sul.

Minha mãe, Isa Ometto Silveira Mello.

Com meus irmãos, Mara, Celso e Celisa, e minha mãe, Isa (no meio).

No canavial da usina Costa Pinto, meu pai (de pé), meu irmão Celsinho (agachado, chupando cana) e, logo atrás, eu, em 1956.

Vista aérea da usina Costa Pinto, em 1956.

Estudando para o vestibular, em 1967.

Na formatura da Politécnica, no final de 1972, com o professor Samsão Woiler.

No meu casamento com Mônica, em 21 de março de 1974.

Com Mônica, meu sogro, Guilherme Mellão (apoiado no avião), e o comandante Rolim (de óculos escuros), em 1976.

Com o general João Figueiredo, Maurílio Biagi Filho (à esquerda), Sergio Coutinho Nogueira e Luiz Bertelli, em reunião sobre o Proálcool, no início dos anos 1980.

Com José Ermírio de Moraes, na homenagem que recebi ao deixar a Votorantim, no final dos anos 1980.

Diretoria da usina Santa Bárbara, em 1990, no meio da batalha pela empresa da família.

Com John Abbott, então diretor comercial da Shell, e Ben van Beurden, presidente global da empresa, no Grande Prêmio de Mônaco, na segunda metade da década de 2000.

Em visita à usina Santa Helena, com meu sócio e amigo Raul Coury; ao fundo, o diretor agrícola Rodolfo Geraldo.

Churrasco ao ar livre na Rússia, com Serge Varsano (segundo da direita para a esquerda), dono da usina que visitamos, na década de 2000.

Com Marcos Lutz, da Cosan, Rex Tillerson, então CEO da ExxonMobil (à minha esquerda), e Alan Kelly, então diretor de varejo da ExxonMobil (à direita da foto), no torneio US Open de golfe na década de 2000.

Na Bolsa de Valores de Nova York, com a liderança da Cosan e alguns familiares tocando o sino no primeiro pregão, em 2007.

Discursando ao receber o prêmio Homem do Ano da Câmara de Comércio Brasil-Estados Unidos em 2014.

Com Fernando Henrique Cardoso, na minha fazenda.

Família reunida: Mônica, minhas duas filhas, Gabriela e Isabel, meu genro e os cinco netos, Duda, Fred, Guga, Pedro e João.

Com Peter Voser, CEO da Shell, na época da joint venture.

Com os fundadores do Google, Larry Page e Sergey Brin, em visita à usina da Barra, em 2007.

Reunido com Luis Henrique Guimarães, presidente da Cosan, o presidente Jair Bolsonaro, o ministro da Economia, Paulo Guedes, o ministro da Cidadania, Onyx Lorenzoni, e Henrique Malta, diretor da Cosan.

Com o governador de São Paulo, João Doria, em 2020.

Ao lado do ex-presidente Michel Temer e do meu neto, Pedro Rubens Berlinck.

Era dezembro de 2008. Marcos Lutz, então presidente do grupo, dirigia pelas ruas de São Paulo quando ouviu pela rádio CBN a notícia de que a ExxonMobil, multinacional de petróleo e gás dos Estados Unidos, estava vendendo a Esso Brasileira de Petróleo. Na mesma hora me avisou, já usando todos os argumentos possíveis para me convencer de que esse poderia ser um importante negócio para a empresa. Avaliei tudo o que ele me disse e, a partir daí, dei início à nossa corrida contra o tempo para fechar a compra.

Havia, porém, uma pedra no meio do nosso caminho, chamada Petrobras, que tentou forçar a compra anunciando que a Esso já era sua. Como também estávamos negociando e não havíamos sido informados sobre a venda, procuramos o representante da ExxonMobil para pedir uma explicação. A resposta do executivo foi curta e direta: "Isso é loucura. Claro que a gente não fechou com eles". Nós insistimos, pois temíamos estar perdendo tempo. Ele manteve a negativa, embora não descartasse a negociação com a Petrobras, dizendo que eles tinham alguma chance de comprar. "Mas acho muito pouco provável que eles consigam ter a agilidade de vocês", arrematou.

Foi quando percebemos o grande blefe da Petrobras. Se o objetivo deles era pressionar para fecharem a compra, o tiro havia saído pela culatra. Não fosse a divulgação da notícia falsa, talvez nem ficássemos sabendo que ela também estava na jogada. Saber que tínhamos um concorrente grande no páreo me fez partir com tudo para fechar o negócio. Chamei o Marcelo Martins, CFO do grupo, e perguntei como nós faríamos para comprar a Esso.

No mesmo período, estávamos fazendo uma operação na Cosan, de formação de outra empresa do nosso grupo, a Radar. O Marcelo ficou sabendo que o banco que negociava essa operação conosco também representava a ExxonMobil na venda da Esso Brasileira de Petróleo. Foi a melhor informação que poderíamos ter obtido, porque pudemos "pegar uma carona" no processo que já estava andando havia meses. Tivemos que correr atrás e, com a maior agilidade possível, contratamos uma consultoria para preparar uma oferta em uma semana no valor de 900 milhões de dólares. Entramos oficialmente no processo e atropelamos a Petrobras — na verdade, atropelamos todo mundo.

Mas não foi nada fácil. Não era simplesmente decidir entrar no páreo e pronto. O processo já estava em andamento, e os outros interessados já eram do setor, tinham todo o know-how necessário para a aquisição. Então tivemos que convencer a ExxonMobil de que também podíamos participar, de que éramos um grupo sério e tínhamos capacidade para gerir novos negócios. Marcelo Martins e Marcos Lutz foram meus porta-vozes. Defenderam nosso interesse no negócio e asseguraram que, como produtores de etanol, a compra fazia sentido, pois já atuávamos na distribuição de combustíveis.

Depois que o Marcelo e o Marcos conseguiram nos colocar na jogada com a Esso, pensamos em nos unir à Petrobras para comprarmos juntos, evitando um leilão que só serviria para aumentar o preço. Além disso, nos associaríamos a uma empresa que, em teoria, tinha conhecimento no negócio de distribuição de combustível.

Então, fui levar a ideia ao Sérgio Gabrielli, presidente da Petrobras na época. Para minha surpresa, ele não levou minha proposta a sério. Decidi recorrer à Dilma Rousseff, que era a ministra de Minas e Energia do governo Lula. Sempre tivemos um relacionamento pessoal muito bom, apesar de nossas divergências em relação à política econômica. Na época, também como presidente do Conselho da Petrobras, ela tentou convencer Gabrielli de que a sociedade era interessante para o Brasil, mas ele foi intransigente e não aceitou.

Acordo negado, partimos para a compra sozinhos. Quando assinamos o contrato em Londres, eu estava absolutamente empolgado e me senti na obrigação de ligar para Dilma e dar a notícia em primeira mão. Ela estava no Japão e não me atendeu. Pouco antes de me deitar, tocou meu telefone. Era ela: "Oi, Rubens! Você me ligou". Eu disse: "Liguei sim, ministra! Pra dizer que acabei de assinar a compra da Esso Brasileira de Petróleo". Ela reagiu de modo muito positivo: "Oh, meus parabéns, que boa notícia! Fico muito feliz!".

Acredito que dois grandes diferenciais contaram em nosso favor no processo: a agilidade em tomar decisões e o tamanho do nosso time. Todas as negociações eram feitas, basicamente, pelo Marcelo Martins, financeiro, pelo Marcos Lutz, operacional, e pelo Marcelo Portela, jurídico. Os três sentados à mesa de negociação. Eu era o acionista de referência, quem tomava as decisões. Eles me ligavam e diziam o que estava em pauta, eu passava as orientações, tudo muito rapidamente. Éramos um time afiado, nossas discussões demoravam meia hora. Já para a Petrobras, levavam um mês.

O fato de serem poucas pessoas interagindo com o vendedor também ajudava nessa agilidade. Chegava a ser engraçado. A ExxonMobil precisava falar sobre o contrato comercial da marca. O Marcelo dizia que era com ele. Então, queriam saber quem faria a negociação dos lubrificantes, e o Marcos Lutz respondia que era ele. Depois, o contrato de pessoal, para falar sobre transição, o compromisso que assumiríamos com os colaboradores. E o Marcelo, que era financeiro, também dizia que era ele. Então foi assim: só três para negociar, enquanto no time da Petrobras os representantes se revezavam. Quem estava negociando na primeira semana nunca mais aparecia. Hoje, analisando a postura deles nessa concorrência, arrisco dizer que não acreditaram que conseguiríamos comprar sozinhos.

Para a ExxonMobil a transação deveria ser em igualdade de condições para todos os potenciais compradores. Eles teriam que fechar com aquele que fosse mais rápido e apresentasse as melhores condições. Nossa flexibilidade fez diferença. A Exxon nos dizia: "O outro precisa disso, você precisa?". "Não, não preciso." "O outro não pode fazer isso, você pode?" "Posso. Desde que seja legal e faça sentido econômico para mim." Éramos muito mais flexíveis. Nossa decisão estava nos quatro executivos envolvidos no processo de compra, não precisava passar por dezoito, vinte pessoas.

Acabamos assinando um contrato que fazia sentido para as duas partes porque nós não tínhamos as mesmas amarras que a Petrobras. Tudo feito com bom espírito, que sempre foi nosso objetivo, nosso jeito de negociar. Gosto de dizer que quando se vai negociar, é preciso calçar o sapato de quem está do outro lado também. Não adianta dizer "Eu quero isso porque é bom para mim, e o outro lado que se vire". É importante saber como chegar a um acordo que seja bom para os dois lados, sem ninguém se prejudicar. Essa nossa postura economizou muita discussão e criou uma confiança enorme.

A estrutura reduzida não foi exclusividade dessa negociação. A Cosan S.A. tem uma equipe muito pequena de executivos, formada pelo financeiro, jurídico, RH e operacional, que faz a interface dos negócios controlados por nós. Então, na prática, sempre fomos um time muito enxuto, extremamente eficiente do ponto de vista de execução, o que permite que o tempo de qualquer processo decisório seja muito curto. Acredito que meu perfil de liderança tenha um peso considerável nesse processo também. Marcelo Martins costuma dizer que se uma ideia não me convence em meia hora de reunião, não vai me convencer em cinco. Ele tem razão. Quando a conversa se estende mais do que deveria, e não se chega a um consenso, gosto de repetir a frase que meu tio Orlando sempre falava: "Seja razoável. Concorde comigo".

Muito mais que nossa entrada no negócio do combustível, a compra da Esso foi um grande salto cultural para a Cosan, pois representou uma entrada de sangue novo. Foi a primeira grande miscigenação do mundo sucroalcooleiro. O universo das usinas de açúcar e etanol, do qual a Cosan fazia parte, já era um mundo de muitas culturas misturadas, várias usinas adquiridas, mas todas vindas do agronegócio. E, através da compra da Esso, nós trouxemos para esse universo o setor da petroquímica, do petróleo. Criamos um cruzamento de sangue cultural superpoderoso.

Trouxemos para a Cosan um time de altíssimo nível, muito bem treinado, com experiência internacional, experiência técnica, com uma cultura de alta segurança, de eficiência operacional enorme. A incorporação da Esso à Cosan, o chamado *changing control*, foi em dezembro de 2008, quando pegamos a "chave da casa" após um ano em processo de transição.

Fechada a transação com a Esso, foi a vez da Shell, que ajudou a consolidar nossa entrada no setor de distribuição de combustíveis.

A novela da Shell

Quando estávamos negociando a compra da Esso, já havia boatos de que a Shell também estaria vendendo seu negócio de distribuição no Brasil. O fato é que outras empresas estavam deixando o negócio de distribuição no país porque havia muita sonegação de impostos e adulteração de combustível. Problemas que tornam a concorrência desleal e, para empresas sérias, prejudicam o ambiente de negócios. Nós pensamos diferente: "Em vez de mudar de ramo, vamos resolver esse problema!".

A Shell tinha um CFO suíço chamado Peter Voser que um dia quis visitar um negócio de açúcar e álcool. Nós o colocamos em um helicóptero e o levamos à fazenda Bodoquena, que tem 242 mil hectares, ou 100 mil alqueires paulistas. Quando comecei a trabalhar no grupo, em 1981, a Bodoquena era o sonho do tio Orlando. Organizei uma sociedade entre nós, a Dedini, a Atlântica Boavista (depois Bradesco) e a Votorantim e compramos a fazenda que, então, tinha como sócios o Walther Moreira Salles, do Unibanco, o David Rockefeller e o Bob Anderson, da Atlântica de Petróleo. Passamos dois dias com Voser mostrando o que era o negócio de cana-de-açúcar, açúcar e etanol. Ele ficou encantado e demonstrou grande interesse, fazendo perguntas sobre todos os detalhes. Esse contato nos aproximou, e nos tornamos amigos.

Cerca de um ano depois, no início de 2009, o presidente da Shell no Brasil, Vasco Dias, que havia trabalhado na CSN (Companhia Siderúrgica Nacional) com o Marcos Lutz, soube da nossa operação com a ExxonMobil e nos propôs uma participação na Cosan, especificamente no negócio do açúcar e etanol. O Voser, já como presidente da Shell mundial, gostou muito da ideia e nos provocou para que a levássemos adiante. Ele tinha uma forte convicção de que combustíveis renováveis seriam uma solução muito importante para a Shell no longo prazo. Para isso, ele considerava importante entrar numa das maiores empresas do ramo, e justamente no Brasil, país mais competitivo do mundo nesse setor.

A proposta inicial deles, de comprar uma participação de açúcar e álcool na Cosan, entretanto, não era interessante para nós. Propusemos uma fusão: entraríamos com nossa operação de distribuição e com as do açúcar e do etanol, e eles entrariam com a operação de distribuição mais um cheque de quase 2 bilhões de dólares. Isso porque, quando as duas empresas foram avaliadas, constatou-se que nosso negócio valia mais que o deles.

No fim, vendemos metade do açúcar e do álcool e compramos metade da operação de distribuição da Shell, aumentando nossa exposição à distribuição de combustível e diminuindo nossa exposição ao açúcar e álcool. Formamos uma empresa fantástica, que ficou supercapitalizada, com a melhor rede de postos. Nosso grupo passou a ter as duas redes de distribuição mais antigas do Brasil: ExxonMobil e Shell.

Mas para concluir o negócio houve muita negociação. Durante o processo, o Marcos Lutz e o Marcelo Martins achavam que eu jamais aceitaria fazer uma sociedade meio a meio. Marcelo era o negociador principal e estava bem comprometido em fazer o negócio acontecer. Conversava todo dia comigo sobre esse assunto. Essa não era uma transação de executivos, e sim de acionistas. Era uma operação que reduziria minha participação de 100% em um negócio menor para 50% em um negócio muito maior e com muito mais potencial de crescer. Mas era uma decisão minha. Na companhia, pairava essa dúvida de que eu fosse permitir. A maior parte das apostas era de que eu não venderia, não admitiria um sócio. Marcelo, com uma convicção impressionante, respondia que eu estava convencido. Todo mundo dizia: "Espera a hora de assinar".

Foi quando surgiu a história do "dois mais dois é igual a cinco". Embora ninguém acreditasse que eu fosse abrir mão da liderança dos negócios ou me dispor a dividi-la, com base no meu comportamento anterior, é preciso admitir que sou racional. Percebi que aquele negócio era grandioso demais para que eu insistisse em sair dele como o único dono. Por isso me conformei em ficar "apenas" com o voto de minerva na hora de indicar o presidente da nova companhia. Pensei: "Deixou de ser dois mais dois é igual a quatro", pois as duas empresas juntas teriam muita sinergia. Tínhamos muito a ganhar com essa fusão.

A negociação durou quase dois anos: começou em 2009, e assinamos em junho de 2011. Depois de muito debate, começamos a fazer as transações, a quase totalidade em Londres e algumas nos Estados Unidos. Nesse ínterim houve uma mudança muito grande de negociadores do lado da Shell. Surgiu um nome novo: Jorge Santos Silva, um português que tinha um canal direto com Peter Voser e com um americano chamado Mark Williams, responsável pela operação dos postos e pelo *downstream* — atividade de transporte e distribuição de produtos da indústria do petróleo, da refinaria às empresas de distribuição, aos pontos de venda ao consumidor final ou a estabelecimentos industriais.

Eram os três, Voser, Williams e o Jorge, negociando com o Marcelo e comigo, na mais estrita confidencialidade e durante muito tempo. Ao contrário da compra da Esso, no negócio da Shell não havia concorrente. Era uma coisa bilateral em que cada lado tinha seus ativos e queria formar uma harmonia. Mesmo assim, foi difícil.

Em contraste com nossa agilidade nas tomadas de decisão, a burocracia e a demora da Shell nos angustiavam muito nesse processo. Tivemos sorte porque o presidente Peter Voser queria muito e acreditava no negócio, assim como o Mark Williams e o Jorge Silva, que estavam abaixo dele. Mas tivemos embates muito sérios. Eu mesmo larguei a mesa de negociação várias vezes. Quando esses embates aconteciam, era um esforço enorme para recomeçar, colocar todos na mesa outra vez e continuar de forma positiva.

Foi assim durante quase dois anos e, no apagar das luzes, ainda aprontei uma com o Marcelo Martins, que ele diz ter sido um dos maiores sustos que já levou na vida corporativa.

Praticamente já estávamos com o negócio fechado, restando apenas dois pontos secundários ainda sendo discutidos. Marcelo Martins e nosso representante jurídico, Marcelo Portela, estavam reunidos com os advogados da Shell e o Jorge Silva, em Amsterdã. Eu estava em São Paulo e, como diz Marcelo Martins, tirando cada gota que podia da outra parte. Ele me dizia, ao telefone, que estávamos chegando a um ponto em que não tinha mais negociação. Eu batia o pé do outro lado, e comecei a achar que o Marcelo estava negociando comigo. Dizia a ele diversas vezes: "Você tá negociando comigo, Marcelo! Tem que negociar é com eles".

Ele argumentava que não podia deixar o negócio "azedar". Eu quis falar diretamente com o Jorge, mas o Marcelo não passou o telefone. Percebi que, no outro lado, o Jorge também estava botando pressão, querendo falar comigo. Ele, firme, se recusou a fazer isso. Dizia que se nos falássemos iríamos romper de novo, voltar para a estaca zero. Então, ameacei não fazer o negócio se ele não me colocasse na linha com o Jorge. Nessa hora, o Marcelo teve muito sangue-frio e foi incisivo comigo. Disse-me que eu o conhecia há tempo suficiente, que eu devia confiar nele e que não existia a possibilidade de tirar mais uma gota sequer. Respondi que, se era assim, não tinha mais acordo. "Aliás, estou saindo neste momento, pode avisar que a operação tá cancelada." E desliguei o telefone.

Eram por volta de sete horas da noite, eu estava com o Marco Gonçalves, o Marcão, executivo do BTG, e o Joffre Salies, diretor do mesmo banco. O Marcelo conta que, assim que desliguei, Joffre ligou perguntando o que ele tinha na cabeça, se estava louco de deixar escapar um negócio daquele sem negociar mais, como eu queria. O Marcelo estava convicto: "Quando diz respeito a uma transação, ele é racional. Ele vai fechar". O Joffre, que viu meu estado, como eu tinha saído transtornado, não estava acreditando que eu fecharia.

Enquanto isso, Jorge continuou a pressão sobre o Marcelo, à uma da manhã em Amsterdã. E o Marcelo tentava convencê-lo, explicando que me conhecia bem e que eu mudaria de ideia. Meia hora depois, de dentro do carro, no meio do trânsito caótico de São Paulo e já quase chegando em casa, liguei para o Marcelo e perguntei: "Me fala uma coisa honestamente: não tem mesmo como conseguir?". E ele: "Rubens, a gente esgotou tudo até a última gota". Ele disse que já estávamos discutindo o detalhe do detalhe do detalhe do crédito. Coisas que não tinham mais como conseguir. Eu ainda insisti: "Não tem como mesmo, né?". Ele disse que não, e eu: "Então pode assinar".

Pegar o carro para ir embora me ajudou. Fui meditando, conversando comigo mesmo e tirando a parte emocional, que estava latente na hora da negociação. Então, com meu lado puramente racional, analisei as consequências práticas de não conseguir aquilo que estava querendo. Às vezes, nem sempre o que queremos é tão importante que valha a pena desistir de um ótimo negócio.

Assim que concretizamos essa grande operação, montamos uma campanha e um trabalho muito forte para acabar com a adulteração de combustíveis e a sonegação de impostos. Depois, o grupo Ultra comprou a Ipiranga e a Texaco e também montou uma iniciativa ampla para, se não acabar de vez com as irregularidades, pelo menos diminuí-las. E então, livre desses problemas, o negócio voltou a se desenvolver.

E assim nasceu a Raízen

A união da Cosan com a Shell deu origem a uma das empresas que mais movimentam a economia do país. Os negócios da Raízen integram todas as etapas da cadeia produtiva de cana — produção de açúcar, etanol e bioenergia —, além da distribuição e comercialização de combustíveis para empresas de diversos setores da economia. Com 26 usinas, a Raízen é a maior produtora e exportadora de açúcar e etanol de cana do mundo. Além disso, é a maior distribuidora privada de combustíveis do Brasil. Distribui e comercializa mais de 25 bilhões de litros de combustíveis para sua rede de 6.500 postos revendedores, operando 65 bases de abastecimento, atendendo os principais aeroportos em todo o Brasil e mais de 2 mil empresas. É muita coisa. As operações incluem ainda as mil lojas de conveniência Shell Select. Na Argentina, a Raízen opera no *downstream*, através de uma refinaria e da distribuição para mais de seiscentos postos com a marca Shell.

São quase dez anos de sociedade com a Shell e, nesse período, já geramos três ou quatro vezes mais o valor que imaginávamos. Foi o nosso melhor cenário, e isso é algo inacreditável. Havia uma cláusula segundo a qual depois de dez anos a Shell teria o direito de comprar a nossa parte, e nós também teríamos o direito de decidir vender ou não. Depois de anos de sociedade, o Ben van Beurden, que acabou se transformando no novo CEO da companhia, assistindo ao Grande Prêmio de Mônaco de Fórmula 1, me convidou para um happy hour e me disse que estavam muito satisfeitos com a sociedade, queriam acabar com essa cláusula. "Pretendemos ficar casados com vocês pra vida inteira." Hoje a sociedade é perene, não tem mais data para acabar.

Nunca enfrentamos nenhum problema. Claro que há discussões do dia a dia. Um grande negócio como esse é similar a um casamento. Casamento que não tem briga já acabou há muito tempo. Você tem que brigar para manter a relação viva e também para renovar o respeito que um deve ter pelo outro. Nós temos discussões técnicas, mas tudo acaba bem.

Depois de todas as aquisições que fizemos, multiplicamos nosso lucro operacional em trinta vezes, tornando-o três vezes maior que o de um dos maiores grupos do país. O valor de mercado individual de cada empresa do grupo, à exceção da Moove, que é a menor, é maior do que o do nosso principal concorrente.

Tudo se transforma

Da energia contida em uma tonelada de cana, um terço vem da sacarose, outro vem da palha da cana e o terço final vem do bagaço. Nas nossas usinas, tudo é aproveitável. Mas para pegar o bagaço, queimar e transformar em energia elétrica, por exemplo, é preciso ter caldeiras eficientes e a usina ser movida a turbinas a gás. O gasoduto da Bolívia passa por todas as nossas usinas. Então pensei: "Tenho que entrar nesse negócio de gás, afinal, ele tem sinergia conosco".

Foi por isso que, em 2011, tentamos comprar a GasBrasiliano. Como já contei, entramos naquela disputa com a Petrobras, quando sugeri parceria à então presidente da empresa, Graça Foster. Naquela ocasião, eles acabaram vencendo, mas a vontade de entrar no mercado permaneceu, e passamos a estudar esse setor de gás com mais empenho. Sabíamos que seria preciso encontrar outra forma de conquistar nosso lugar no negócio. Afinal, estávamos num nível de alavancagem razoavelmente confortável.

Certo dia, o Marcelo Martins voltava de Londres e, na chegada, precisou resolver alguma coisa na imigração do aeroporto de Guarulhos. Enquanto esperava na fila, encontrou, por acaso, um amigo com quem ficou conversando. Contou que estava voltando de uma reunião com a Shell. Foi a melhor coisa que ele poderia ter dito naquele momento, pois o amigo tocou no assunto do BG Group. Disse que o grupo estava endividado e sob forte pressão dos acionistas, que queriam que a empresa se desalavancasse. E deu a dica: eles tinham um ativo muito bom no Brasil, que era a Comgás. A empresa não estava à venda, mas se o Marcelo fizesse uma oferta, talvez eles concordassem em vender.

Marcelo fingiu certo desdém e disse ao amigo que isso não seria possível. Já havia discutido essa possibilidade com representantes da Shell e sabia que a BG não queria vender. Marcelo não tinha falado com a BG, mas achou que, se desse alguma pista, o amigo talvez comentasse sobre nosso interesse com pessoas que poderiam estragar o negócio. Achou melhor guardar segredo e deu o xeque-mate dizendo que havia conversado pessoalmente com Fábio Barbosa, o CEO da BG, também brasileiro, que fora categórico ao afirmar que não venderia. O amigo se resignou, os dois se despediram e foram embora.

Logo que chegou ao escritório, Marcelo ligou para o Fábio, em Londres, e perguntou se eles teriam interesse em vender uma participação na Comgás. Fábio respondeu que o assunto nunca havia sido discutido, mas deixou uma possibilidade no ar e perguntou onde ele estava. O Marcelo, que acabara de voltar de Londres, disse que estava no Brasil, com viagem marcada no dia seguinte para a Inglaterra. O Fábio, então, o convidou para conversar.

Quando se encontraram, Marcelo contou que nós tínhamos interesse em fazer uma oferta pela BG, ao que o CEO respondeu que não estavam em busca de comprador, mas, de fato, havia uma pressão dos acionistas pela venda de ativos por conta do endividamento. Perguntou se teríamos interesse em fechar uma transação rápida. Marcelo, com a presença de espírito que lhe é peculiar, respondeu: "Óbvio! Você quer alguém mais rápido que a gente? Esse é o nosso modus operandi: operações rápidas".

Na sequência enviamos uma carta-proposta. O Fábio veio ao Brasil e se reuniu comigo, com o Marcelo Martins e o Marcos Lutz. Sabíamos que havia interesse, pois ele aceitara o encontro conosco, mas não tínhamos ideia de quais seriam as condições deles. Foi quando ele nos disse que estava tudo certo, queriam vender, mas o preço que propusemos estava errado. Começamos, então, a negociar. Melhoramos um pouco o valor da nossa oferta, ele levou para avaliação da cúpula da BG e, em cinco meses, fechamos. Foi um verdadeiro recorde. Abrimos a negociação em dezembro de 2011 e batemos o martelo em maio de 2012. E tudo graças ao encontro fortuito de Marcelo com aquele amigo na fila da imigração. E, também porque, de alguma forma, tinha que acontecer. O lado triste dessa história é que, no meio do processo, Fábio teve um câncer, que evoluiu para uma metástase, e faleceu.

Hoje em dia, a Companhia de Gás de São Paulo (Comgás) é a maior distribuidora de gás natural no país. Trabalha de forma ininterrupta para atender mais de 1,9 milhão de clientes em sua área de concessão, que compreende a Região Metropolitana de São Paulo, a área administrativa de Campinas, a Baixada Santista e o Vale do Paraíba, que representa 1% do território brasileiro, mas quase 26% do PIB nacional.

Os mais de 17 mil quilômetros de rede de distribuição alcançam 88 municípios, levando gás natural aos segmentos industrial, comercial, residencial e automotivo. Além disso, abastecem usinas de termogeração e viabilizam projetos de cogeração. Foi mais uma aposta certeira, que veio para somar a todas as atividades da Cosan.

A Rumo

Desde que ganháramos a concorrência de um terminal de açúcar no porto de Santos, vínhamos trabalhando muito com logística e exportação, gerando dinheiro com isso. Certo dia, recebi no escritório a visita de um grande amigo, o Paulo Brito. Com ele estavam o Jair Ribeiro, do Banco Indusval, e o Alfredo de Goeye, dono da Sertrading, uma das maiores empresas de comércio exterior do país, sendo ciceroneados pelo Marcos Lutz. Trouxeram-me uma proposta de sociedade para montar uma empresa de logística e fazer todo o transporte do açúcar, desde a usina até o porto. Eu disse que pensaria a respeito, mas já sabia que não queria. Eu já vinha pensando em alternativas para transportar nosso açúcar e não via sentido em entrar em uma sociedade para isso.

Conversei com o Lutz, que havia trabalhado na área de logística da CSN, e ele elaborou um projeto que previa a compra de vagões e locomotivas, além de alguns investimentos na linha férrea da ALL, América Latina Logística, que administrava os trens e os trilhos dentro do terminal. Nossa ideia inicial era levar apenas nosso próprio açúcar, mas depois acabamos transportando cargas de terceiros também.

Firmamos um acordo com os dirigentes da ALL. Investimos 1,2 bilhão de reais na malha ferroviária, que recebeu locomotivas, vagões, trilhos e dormentes (peças de madeira sobre as quais os trilhos se assentam). Em troca, ela deveria transportar o açúcar das nossas usinas no interior paulista até o terminal no porto de Santos.

Isso foi em 2009, e o acordo funcionou muito bem nos primeiros dois anos, até que a ALL começou a descumprir o trato e desviar nossos vagões para transportar grãos de soja e de milho vindos da região Centro-Oeste. Como a rota era mais longa, era mais rentável para a companhia. Mas isso atrasava o transporte da nossa carga. Além disso, com o investimento feito por nós, estava prevista a duplicação da linha férrea entre Itirapina e Santos, ambos em São Paulo, mas as obras não foram executadas. Eles alegavam problemas com a obtenção de licenças ambientais para concluir o segmento.

Entramos em litígio contra eles. Marcos sugeriu que recorrêssemos a uma ação jurídica. Muito provavelmente ganharíamos, pois o acordo inicial tinha sido feito com aprovação da Agência Nacional de Transportes Terrestres (ANTT). Mas de que adiantava ganhar a ação de alguém que não teria condições de pagar? A ALL estava com sérias dificuldades financeiras e, se ela quebrasse, nosso negócio seria prejudicado.

Nessas horas é preciso enxergar a relação como simbiótica. Se o hospedeiro morre, a outra espécie também morre. Se você quer sobreviver, precisa tratar bem seu hospedeiro. Então eu disse ao Marcos: "Só tem uma maneira de salvar o nosso negócio: comprar a ALL".

O problema era que, diferentemente da Cosan, a ALL não tinha um dono, era controlada por vários acionistas, que estavam divididos. A favor da fusão Rumo-ALL estavam os investidores Wilson de Lara, Riccardo e Julia Arduini. Na margem oposta, resistentes à nossa proposta de compra, estava a gestora BRZ (com cotistas como Petros, Postalis e Valia), além dos fundos Previ e Funcef e o BNDES.

Eu ficava buscando alternativas para conseguir andar com o negócio, quando me lembrei de um nome que conheço bem e que poderia me ajudar: Beto Sicupira. Ele havia sido um dos principais acionistas da ALL, ao lado de Jorge Paulo Lemann e Marcel Telles, até venderem sua participação para a gestora de fundos BRZ, em 2009. Os três entraram no ramo de ferrovias no final da década de 1990, após a privatização do setor.

Expliquei a situação para o Beto, disse que tínhamos perdido o caminho da negociação com a ALL. Ele prontamente nos apresentou a Pércio de Souza, sócio-fundador da assessoria financeira Estáter, conhecido por sua capacidade de criar equações financeiras capazes de solucionar conflitos entre grandes corporações.

Nessa operação, nosso trio — eu, Marcos Lutz e Marcelo Martins — funcionou diferente da maneira de costume. Eu pressionava para fecharmos logo o negócio e os dois me seguravam. Na minha visão, a gente ganharia o dinheiro de volta na operação.

O grande problema da ALL era a liquidez, ela estava muito endividada. Quando finalmente fechamos a transação, em 2015, precisávamos promover o aumento de capital para executar o plano operacional que fizéramos para a empresa. Para isso, construímos uma estrutura que colocava o negócio dentro do grupo, mas isolado. O credor da ALL, agora Rumo, que é acrônimo de Rubens e Mônica e, coincidentemente, também remete à principal atuação da companhia, não teria acesso aos outros negócios da Cosan. Mesmo assim, os especialistas do mercado estavam desconfiados, achando que estávamos nos metendo numa fria.

Havia um fundo sócio da Rumo que, quando fomos fazer o aumento de capital, pulou fora. O representante do fundo não acreditava que conseguíssemos fazer o aumento de capital, alocar dívida e obter aprovação da ANTT. Um CEO disse para o Marcelo: "Se o Jorge Paulo Lemann não deu conta da ALL, você acha que o Rubens vai dar?". A grande questão era esta: será que vai dar certo?

Quando começamos a ir atrás de dinheiro no mercado, os investidores também questionavam: "Se quem cuidava disso não conseguiu resolver, o que me faria acreditar que vocês vão conseguir?". Nosso trunfo era ter Marcos Lutz no time. Ele é a pessoa que mais conhece de logística no Brasil e sabia responder tudo o que era perguntado sobre o negócio. Ele fez toda a diferença, embora credite a mim a coragem de efetuar a transação.

Mesmo assim, o processo foi tenso. A ALL estava praticamente quebrada. Marcelo, com quase trinta anos de mercado, disse que nunca tinha visto uma situação tão brutal nas finanças de uma empresa. Eu e Marcos engordamos uns cinco quilos só de almoçar com banqueiros, mas tudo foi estruturado e operado pelo Marcelo. Ele teve uma capacidade de articulação e negociação impressionante.

O Marcos teve o papel de conseguir convencer a mim e o Marcelo de que o negócio era legítimo e montar um time capitaneado por Julio Fontana, engenheiro que conhecia como poucos o negócio de ferrovia no Brasil. Isso além de uma centena de pessoas de excelente nível técnico que trouxemos de diversas empresas do setor. Montamos, de fato, uma equipe de vencedores. E fomos bem-sucedidos. Honramos 100% das dívidas, e os bancos não perderam nada.

O negócio de ferrovia no Brasil é muito bom, está crescendo com o agronegócio, que também é um setor pujante no nosso país. Onde se planta alguma coisa, precisa-se de uma ferrovia para escoar, e nós fazemos isso. Se não existisse a Rumo, se não tivessem sido feitos todos os investimentos que fizemos, o Brasil não conseguiria dar vazão à sua produção agrícola.

A Rumo é a maior operadora logística com base ferroviária independente do Brasil. Atende os três corredores mais importantes de exportação de commodities agrícolas, abrangendo uma área responsável por aproximadamente 80% do PIB brasileiro, incluindo os estados de Mato Grosso, Mato Grosso do Sul, São Paulo e região Sul do Brasil. Só a produção agrícola do

Mato Grosso, por exemplo, era de 12 milhões de toneladas em 2001. Em 2019, foi de 73 milhões de toneladas. O transporte de produtos agrícolas só não virou um caos porque as ferrovias estão se desenvolvendo.

Hoje não existem mais filas de caminhões, como as que se formavam no porto de Paranaguá, no Paraná, há cerca de dez anos. Eram mais de 30 quilômetros de fila para descarregar. Com a Rumo, isso acabou.

A ferrovia Norte-Sul

Em 2019, arrematamos a ferrovia Norte-Sul no primeiro leilão do setor realizado desde 1987. Todo mundo esperava que ganhasse a VLI Logística, uma associação da Vale com a Mitsui. Marcos e seu time me explicaram muito estrategicamente por que deveríamos comprar e calcularam quanto poderíamos pagar. Avaliaram todos os cenários, quanto a companhia valia para nós, quanto valia para a VLI e até quanto ela deveria pagar no leilão, caso viesse disposta a tudo. Conversamos longamente sobre benefícios e malefícios, se ganhássemos ou não.

Chegamos a um número, mas algo me dizia que não era suficiente e que corríamos o risco de perder. Então falei: "Já que é pra ganhar, aumenta 100% e vamos". Foi a deixa que faltava para o Marcos fazer uma coisa mais interessante ainda, que era oferecer um ágio, a diferença entre o lance inicial e o valor a ser vendido no leilão, de 100,5%. E explicou: "Porque se o nosso concorrente fizer 100%, vai fazer 100% fechado".

Na hora de tomar o risco, quero ouvir todas as justificativas, o porquê de estarmos pagando determinado valor. Se fico convencido, entro de cabeça. Também usamos como estratégia dar indícios de que não estávamos interessados, passando a imagem de que havíamos entrado por obrigação, o que seria um sinal ruim para todos, incluindo o governo. Mas nossa ideia sempre tinha sido de ir para ganhar. E ganhamos!

A proposta da VLI Logística foi de cerca de 600 milhões de reais de ágio. Nós oferecemos em torno de 1 bilhão de reais. Esse é um exemplo que coloca em vantagem uma empresa que tem dono. Os executivos nunca teriam pagado um ágio desse tamanho sem o respaldo do controlador, que assina o cheque. Teriam receio de que, olhando para trás, se provariam infundados. Já encontramos pelo menos cinco *upsides*, que é como o mercado financeiro prevê a valorização de um ativo, que justificaram o ágio. Valeu muito a pena!

10
A força da família

QUANDO TINHA UNS QUINZE ANOS, um dia fiquei bravo com meu pai e minha mãe por causa de alguma coisa que eu queria e que eles negaram, já não me lembro exatamente o quê. Estava no auge da minha adolescência e fiquei revoltado por ter sido contrariado. Acho que para "punir" os dois, resolvi fingir que tinha fugido. Deixei uma carta bem melodramática dizendo que ninguém me compreendia, por isso estava indo embora. Não foi à toa que acabei gostando de ver novelas. Mas não fui muito longe: apenas me escondi no telhado.

Morávamos em uma casa projetada pelo Paulo Mendes da Rocha, que já era famoso naquela época. Não era uma construção convencional. Do jardim, ao redor da casa, não se tinha uma visão das telhas, ninguém podia me enxergar ali. Meu plano era passar a noite lá em cima, mas fiquei com medo de acordar sonolento, sair andando sem lembrar onde estava e cair. Por isso, levei uma corda para amarrar meu pé à antena de televisão. Levei um travesseiro e um rádio portátil, assim ficava escutando músicas.

Lá embaixo, depois de ler minha carta, meus pais ficaram na maior aflição, saíram me procurando por toda parte. Lá de cima eu ouvia o alvoroço. Já tinha anoitecido, a aflição dos meus pais começava a se transformar em desespero, quando um dos funcionários da casa viu um pedaço de corda pendendo do telhado. Era a outra ponta da corda que eu levara e esquecera de puxar. Alguém resolveu subir para ver o que era e me encontrou.

Achei que meus pais me castigariam pela aflição que eu havia causado, mas não foi assim. Eles, meus irmãos e todos que se envolveram na busca deram risada. Desde então, em qualquer encontro de família, sempre alguém traz a história: "Lembra daquele dia em que Binho subiu no telhado?". E todo mundo continua dando risadas.

Não me lembro de ver meu pai bravo com os filhos alguma vez. Muito menos a minha mãe, que era quem mantinha a disciplina na família. Meu pai só agia quando realmente precisava, ou quando minha mãe pedia ajuda. Hoje, agradeço a Deus por ela ter sido assim, pois foi muito importante para minha formação e a dos meus irmãos.

Na escola, eu fazia todas as molecagens que meus amigos faziam, me divertia do mesmo jeito. Mas eu sempre tirava boas notas, passava em primeiro lugar. Chegava ao terceiro bimestre com a nota já fechada. Nunca deixei a bagunça afetar meu rendimento. De vez em quando eu e meus irmãos faltávamos às aulas, não levávamos a sério. Então, minha mãe entrava em ação e nos botava de novo na linha. Como nunca trabalhou fora de casa, ela pôde nos acompanhar e controlar nossa educação. Até de noite, quando começamos a ir a festas, era ela quem nos levava e buscava.

Exercia a autoridade quando era preciso, mas na verdade era muito liberal para a época. Sempre colocou direitos iguais para os quatro, homens e mulheres. Minha irmã Celisa diz que nossa mãe já era feminista e que, naquela época, eu era mais conservador do que ela. Era mesmo. Nunca me preocupei com os namoros do Celsinho, mas ficava vigiando os das minhas irmãs. Se visse alguma coisa fora dos meus padrões, ia contar para a nossa mãe, que não fazia nada a respeito. Minhas irmãs achavam que era por ciúmes, mas não era. Talvez fosse proteção, ou superproteção.

O esportista

Um campo, dezoito buracos, uma bola pequena e um taco. O objetivo é colocar a bolinha no buraco com o menor número possível de tacadas. Cada jogada é uma oportunidade única de fazer melhor que da última vez. O golfe envolve foco, disciplina e repetição. Há quem diga que é um esporte que depende mais das habilidades mentais que das físicas. É possível competir com outras pessoas ou equipes, mas também pode ser jogado sozinho, com a meta de autossuperação.

Um campo, uma bola média e duas traves localizadas em lados opostos. O objetivo é fazer com que a bola passe entre as traves do adversário. O futebol envolve trabalho em equipe, drible, faltas, confronto, improviso e gritaria. Muito diferente da concentração e do silêncio de biblioteca das tacadas do golfe.

Celsinho sempre diz que havia uma diferença entre nós e gosta de fazer uma analogia com o esporte. Enquanto ele jogava futebol, bola de gude e brincava com a turma, eu jogava golfe. Depois de adultos, ele foi presidente do xv de Piracicaba, o time de futebol da nossa cidade, no fim dos anos 1980 e começo dos 1990. Fez um ótimo trabalho, chegando até a contratar o técnico Rubens Minelli,* um dos mais vitoriosos do Brasil. É uma brincadeira que ele faz para resumir nossas diferenças de personalidade, de habilidades e na maneira de lidar com os negócios.

Não tiro a razão dele. Celso sempre foi mais operacional, de botar a mão na massa. Ele gostava de pilotar avião, disputar corrida de carro, foi bicampeão brasileiro de autocross, um de seus filhos é tetracampeão de autocross, o outro é campeão brasileiro e sul-americano de tiro e sonha em ir para as Olimpíadas. Brinco que a parte física era com ele, a intelectual, comigo. Mas na verdade nossos perfis se complementam. Nos negócios da família, ele sempre esteve mais dedicado às questões de recursos humanos, enquanto eu precisava lidar com os executivos dos bancos. Se tivéssemos o mesmo perfil, teríamos dificuldades com os negócios. Cada um de nós ficou no lugar certo, onde devia ficar.

Primeira questão familiar

Quando tio Orlando me chamou para ajudá-lo, porque achava que iria morrer na cirurgia do coração, quem estava no comando da usina Costa Pinto era o Celsinho, que voltara para Piracicaba desde que nosso pai falecera. Ele e tio Orlando eram muito parecidos, enquanto eu tinha outra mentalidade profissional.

Eu ficava em São Paulo, e Celsinho, no interior, visitando as propriedades, cuidando da operação, sob orientação do meu

---

* Rubens Minelli foi o primeiro técnico a ser campeão brasileiro por três anos consecutivos, em 1975 e 1976 pelo Internacional e em 1977 pelo São Paulo.

tio, que fazia isso com primazia. Durante a safra, tio Orlando acordava às cinco horas da manhã e, meia hora depois, ligava para meu irmão perguntando como estava isso, como estava aquilo. Era uma desculpa para fiscalizar, saber se ele já estava trabalhando.

Cheguei com uma visão mais ampla dos negócios, pensando em caminhos para expandir, melhorar a eficiência. Queria estabelecer certos controles, aplicar práticas de administração que, para os dois, pareciam muito arrojadas. Isso foi um choque para meu tio, porque foi ele quem sucedeu meu avô e desenvolveu o grupo. Até então, ele tinha sido o homem que mandava, e todos os irmãos o respeitavam, mesmo sem ele ter a maioria das ações.

Celsinho acha que isso começou a se tornar uma ameaça para a liderança do meu tio. Eu entendo que os mais velhos não queiram perder o lugar que conquistaram para alguém mais jovem. Além disso, tio Orlando era de uma geração que considerava a experiência pessoal mais valiosa do que qualquer inovação. Eu queria discutir mais as decisões em grupo, ouvir mais a diretoria, práticas que não existiam. Meu tio decidia e todo mundo cumpria. Talvez, para não perder esse controle absoluto, ele tenha decidido me destituir.

Quando me desentendi com meu tio e o caso foi parar na esfera judicial, Celsinho ficou do meu lado, o que deixou tio Orlando muito aborrecido. O juiz decidiu que deveria prevalecer o que fora estabelecido no acordo de acionistas. Manteve as usinas Santa Bárbara e Costa Pinto conosco e, para o lado do tio Orlando, a usina da Barra e a fazenda Bodoquena. Tudo parecia estar em paz, embora não tenhamos feito as pazes. Quando faleceu, ainda estava brigado conosco. E, então, tivemos que enfrentar meus primos, filhos dele, em uma briga ainda mais complicada.

Por conta da decisão judicial, continuávamos pertencendo ao mesmo grupo, mas divididos em duas partes. De um lado estávamos nós: eu como presidente, Celsinho como diretor geral e superintendente, cuidando da parte operacional das nossas unidades. Do outro havia os negócios dos meus primos, que não estavam se saindo muito bem. Foram se endividando, sem controle, enquanto o nosso lado era muito bem administrado e planejado. Se podíamos usar tecnologia para melhorar a eficiência de um projeto, por exemplo, mas não tínhamos dinheiro, eu conseguia arrumar, porque era o que eu sabia fazer. Não se consegue atender à demanda da evolução sem investimento. No fim, acabávamos conseguindo o que queríamos ou precisávamos.

Essa parceria que eu e Celsinho estabelecemos nos fez muito bem. Ele contribuiu muito comigo, me ajudou a chegar aonde estou. Nossos estilos diferentes se complementaram quando trabalhamos juntos nos negócios da família, mas depois cada um seguiu seu rumo, e foi melhor assim. Acho que algumas operações que fiz nos últimos anos não teriam sido aprovadas pelo meu irmão. A fusão com a Shell, por exemplo. Celsinho prefere ser 100% dono de seus negócios. Não aceitaria vender metade da companhia para adquirir metade de outra.

11
A culpa não é das estrelas

ACREDITO EM DEUS, mas não sou muito religioso. Tive uma criação católica, estudei em colégio de padres, o Salesiano Dom Bosco. Depois de casado, Mônica também me influenciou. Mas mantenho meu lado engenheiro, de racionalidade e pragmatismo. Vejo-me diante de uma noite estrelada, percebo a perfeição que é o equilíbrio do espaço: a Terra, um planeta que gira em torno de uma estrela, a energia infindável do Sol, a força da gravidade que equilibra tudo. Isso me leva a crer que exista um ser superior que administra e rege todo o universo. Minha crença é resultado de uma reflexão. Mas não me conformo apenas com essa explicação. Tenho que ir além e começo a me perguntar: Como é que surgiu esse ser superior? E aí tudo vai ficando mais complicado. Se penso muito nisso, preciso colocar de lado meu pragmatismo, minha "curiosidade profissional", e me deixar levar para o terreno da espiritualidade.

Quando temos um problema, nos agarramos com mais afinco à religião. Meu momento de maior aflição foi quando fui diagnosticado com câncer de próstata, aos 62 anos. Primeiro tive um choque. Chorei, mas não de tristeza. Foi de emoção. De perceber a enorme dificuldade que teria pela frente. Acho que, nesses casos, o choro é a catarse, quando nos nutrimos da própria emoção, para que prevaleça nossa capacidade de resistência. Comigo não tem essa história de que homem não chora. Faz bem chorar.

Mas, depois, tratei tudo com muita serenidade. O médico disse que estava num estágio inicial e que havia três alternativas: acompanhar e operar somente se houvesse uma piora; fazer radioterapia sem precisar operar; ou operar naquele momento. Perguntei o que era mais eficiente, e ele respondeu que era mais seguro fazer a cirurgia.

Sempre fui muito medroso com anestesia, nunca tinha sido operado. Sou capaz de fazer um tratamento de canal sem anestesia, só para evitar uma reação alérgica. Também era cismado em relação a doenças, talvez por ter perdido meu pai muito jovem, quando ele tinha 53 anos, e eu, vinte. Fui pesquisar e vi que a causa para a maioria dos casos de câncer de próstata era o fumo. Várias pessoas morrem por não quererem operar, porque o câncer se espalha pelo organismo. Mesmo com medo, decidi fazer a cirurgia. Deu tudo certo. Tive uma recuperação rápida e, dez dias depois, já estava trabalhando no escritório.

Não é só de cabeça quente e sangue fervendo que vive o meu sangue italiano. Como todas as pessoas, me comovo, fico triste, vibro de alegria, tenho minhas paixões e meus medos e sou bem transparente com meus sentimentos. Se vejo num filme ou numa telenovela uma cena de grande emoção, bem escrita, bem interpretada, com aquela música de fundo, eu choro. Não sou uma pessoa "gelada". Mas sei agir com frieza na hora de tomar decisões nos negócios.

Embora eu tenha sido educado no catolicismo, tenho muitas restrições à religião católica, pois ela foi desenvolvida num processo de exploração. As pessoas eram pobres, e a religião lhes vendia a ilusão de um dia ter o céu, de não serem castigadas. Isso não mudou até hoje, mas o mundo mudou.

Um dia fiz uma festa junina na fazenda. Na celebração da missa, o padre começou a dizer: "Quem for separado ou não for casado...". Logo interrompi porque percebi que ele ia pedir para essas pessoas saírem da igreja. "Não vai sobrar quase ninguém na sua missa!" É esse discurso, feito desde a Idade Média, que deixa a religião tão antiquada e afasta os fiéis. Os tempos mudam, a Igreja também deve mudar. A Bíblia foi muito inteligentemente escrita para que sua interpretação pudesse acompanhar essa evolução. Tudo que ela prega serve para qualquer época e qualquer situação. Se você tem fé, tudo de que precisa para mantê-la acesa está na Bíblia.

Fico imaginando uma reengenharia para a Igreja católica. Primeiro, acabaria com essa história de proibir que os padres se casem. Não entendo isso. Como ele vai falar de família se nunca teve uma? Não sabe como é o dia a dia de um casal, não conhece as dificuldades de um relacionamento tão íntimo, tão intenso? O celibato exigido dos padres vai contra a natureza humana. Considerar sexo um pecado que só pode ser feito com o objetivo de procriar é, no mínimo, anormal.

Depois, criaria metas para os padres. Cada um teria que alcançar uma quantidade mínima de fiéis para sua paróquia e arrecadar uma quantia mensal para a igreja. Também os dividiria em dois tipos: os teólogos estudiosos e os comunicadores. Quando vou a uma missa "bem rezada", o padre consegue prender minha atenção, acabo participando porque me interesso pelo que ele está falando. Mas se ele não sabe conduzir a cerimônia, faz um sermão chato, minha cabeça voa para longe. Quando vejo, a missa acabou e não prestei atenção.

Nesse ponto, as igrejas evangélicas levam vantagem, porque os cultos são agradáveis, alegres. Há quem critique porque os pastores ganham muito, mas eu acho isso legal. É justo que recebam. Eles trabalham, dedicam a vida à tarefa de liderar os fiéis, ministrar os cultos, ouvir, aconselhar. Já entre os católicos, os padres devem fazer votos de pobreza, enquanto a Igreja é rica.

Rezo todas as noites, antes de dormir. Agradeço a Deus pelo que me deu e por ter cuidado sempre de mim. Peço saúde e proteção para as pessoas que me são próximas, pelos que estão aqui e pelos que já se foram. Rezo para meus pais, que me criaram e me fizeram como sou. Não sei explicar, mas sinto como se eles ainda estivessem vivos. Nossa conexão nunca se perdeu. Meu pai morreu há 48 anos, mas sinto como se estivesse a olhar por mim. Às vezes, quando preciso tomar uma decisão importante, sonho com ele. Acho que, no meu inconsciente, vou buscar a ajuda dele, como fazia quando era apenas um menino. Esses sonhos me fazem muito bem.

12
Salto para a expansão

QUANDO FIZ O ACORDO DE ACIONISTAS com meu tio Orlando, chamei o Pedro Mizutani, que hoje é representante institucional da Raízen, para ser supervisor de planejamento financeiro. Ele analisava se havia dinheiro para investirmos, se precisávamos tomar recursos emprestados, e depois colhia as assinaturas do meu tio e da minha mãe.

A Costa Pinto era a quarta usina do país em capacidade de produção, atrás da São Martinho, da usina da Barra (que era administrada pelo meu tio) e da usina São João. Não me conformava com esse resultado, queria ser o primeiro. Além disso, a Barra era mais próspera, enquanto a Costa Pinto sempre havia tido problemas.

Comecei a analisar as possibilidades de levantar recursos para melhorar nossa produtividade. Foram me surgindo ideias, e uma delas foi o lançamento de ações na Bolsa de Valores de São Paulo, que fizemos em 1984. Na época, ninguém do setor cogitava esse tipo de iniciativa. Fomos pioneiros e tivemos êxito. Até os funcionários compraram participação, porque trabalhavam na empresa e sabiam que podiam confiar nela. Arrecadamos o que precisávamos para investir, sem recorrer a empréstimos.

Acredito que nosso pioneirismo vem da nossa postura, que divergia da de outros empresários do setor. Quando terminava a safra, no fim do ano, eles tiravam férias, enquanto nós ficávamos pensando em maneiras de reduzir custos. Nossa sobrevivência como empresa dependia da melhora da nossa rentabilidade e, para isso, era preciso criar e fazer diferente, que é a única maneira de alcançar resultados diferentes.

Outra dificuldade que precisamos vencer foi a que impedia a exportação de açúcar para os Estados Unidos. Naquela época, a exportação era feita através do Instituto do Açúcar e do Álcool (IAA), que recebia a produção das usinas, vendia no exterior e pagava os produtores. No caso da venda para os Estados Unidos, havia ainda a restrição do mercado americano, que só permitia que uma pequena cota de açúcar estrangeiro entrasse no país. Daqui do Brasil, apenas os produtores do Nordeste podiam mandar açúcar para lá, sempre através do IAA.

Para conseguirmos ultrapassar essa barreira, criamos um melaço rico, que tinha dentro dele o açúcar. Fizemos uma joint venture com uma refinaria em Savannah, nos Estados Unidos, e encontramos uma brecha na lei para mandar o melaço para lá sem precisar passar pelo IAA. Eles processavam e tiravam o açúcar do melaço. Fazíamos uma venda direta e recebíamos mais pelo açúcar. Isso funcionou por dois anos, até que o governo americano tarifou a importação do melaço, tornando nosso método inviável. Não tínhamos mais lucro, paramos de exportar.

A "bronca" em John Major

Em 1996, o então primeiro-ministro do Reino Unido, John Major, veio ao Brasil para um almoço com seis empresários, eu entre eles. Durante o encontro cada um falou sobre seu setor. Fui o último.

Naquela época eu estava furioso porque o protecionismo para controlar a entrada do açúcar em diversos países do mundo era muito grande. Tinha sido criada a Organização Mundial do Comércio, de maneira que os grandes países tinham o domínio das regras. Quando alguém conseguia uma maneira de sair vitorioso, mesmo seguindo as normas internacionais, eles mudavam as regras ou usavam seu poder econômico.

Quando chegou minha vez, falei: "Quero dizer, primeiro-ministro, que o maior erro do Brasil foi não ter feito a bomba atômica, porque seria a única maneira de vocês, membros do G7, nos obedecerem e ouvirem, que somos os mais fracos".

Fez-se um silêncio sepulcral na sala. Todo mundo ficou com cara de espanto. Eu concluí: "O senhor me desculpe. Só quis expressar meu ponto de vista para que vissem meu sentimento de revolta em relação ao que acontece no comércio internacional". Como resposta, ele apenas deu um sorriso sem graça.

13
Pioneirismo em direção ao mercado

EM SETEMBRO DE 2003, a Cosan já havia atingido 26 milhões de toneladas de moagem de cana-de-açúcar e estava com a liquidez muito baixa, pois tinha usado todo o potencial exportador para obter linhas de financiamento de exportação. Acontece que essas linhas eram garantidas por avais pessoais e dívidas de curto prazo, e sempre precisavam ser renovadas, mas os bancos tinham uma rejeição muito grande em relação ao setor canavieiro (naquela época ainda nem era chamado de sucroalcooleiro).

Nossa grande vantagem era a parceria com a Sucden, uma trading francesa de açúcar de um grande amigo meu, Serge Varsano, que acabava nos ajudando a levantar linhas de financiamento de exportação com bancos pelo mundo. Mas essas linhas tinham chegado ao limite, além de colocarem a empresa em risco, exatamente por serem de curto prazo e nunca sabermos se seriam renovadas ou não.

Sabia que precisávamos fazer alguma coisa diferente, precisávamos ter linhas bancárias. Em novembro daquele mesmo ano, saímos em *roadshow,* que são apresentações para investidores e bancos para mostrar como estava a empresa e quais eram as linhas de empréstimos necessárias. Pudemos ver como os bancos enxergavam o setor: "mais sujo que pau de galinheiro". Consideravam os usineiros pessoas pouquíssimo confiáveis. Então, a única forma de mudarmos o perfil do nosso endividamento, de curto prazo, seria por meio de uma operação de longo prazo no exterior.

Paulo Diniz, então CFO da companhia, começou a procurar bancos internacionais e ouviu uma negativa do suíço UBS que o deixou preocupado: "Não vou nem dar continuidade a essa conversa. Esse é um setor que está totalmente fora de cogitação". Mas, ainda assim, ele tentou mais dois executivos de bancos que conhecia. Falou com José Olympio, no Credit Suisse, e com Alberto Kiraly, no Morgan Stanley. Os dois estavam propensos a olhar nossa proposta de forma mais detalhada para, talvez, emitirem bônus que seriam comprados a um prazo longo para o resgate da dívida. Achei que seria uma atitude extremamente diferenciada, pois, até então, nenhuma empresa do agronegócio brasileiro havia emitido títulos de dívida no mercado internacional.

Cana não é bambu

A Ernst & Young consolidou as informações sobre a companhia, e fomos ao mercado apresentar a empresa em mais um *roadsow*. Tivemos uma aceitação muito grande, o que para muitos era impensável. Todo mundo querendo saber o que era cana-de-açúcar. Os estrangeiros não tinham a menor ideia do que era, confundiam com bambu, foi uma movimentação fantástica. Conseguimos mudar o perfil da dívida da empresa e provocar o interesse em títulos de dívida, mas principalmente em ações.

Percebemos que o mercado gostava da ideia de que fizéssemos um IPO, mas ainda havia certa desconfiança. Precisávamos de um carimbo de qualidade e pensamos no IFC (International Finance Corporation), o braço financeiro do Banco Mundial. Eles são muito criteriosos e, quando entram em uma empresa, fazem uma reviravolta, veem de tudo.

Como não tínhamos certeza de que o IPO seria viável, continuamos procurando um fundo privado que colocasse dinheiro e capitalizasse a empresa. Isso nos permitiria melhorar seu patamar, deixá-la mais confiável para, então, fazermos a oferta pública. Até que conseguimos que o IFC investisse na companhia. No contrato, incluímos uma cláusula que dava a eles a opção de converter parte do empréstimo em ações da Cosan em um eventual IPO.

No IPO, um dos nossos desafios foi encontrar uma forma de explicar aos investidores o modelo econômico da produção de açúcar a partir da cana, pois nenhuma outra empresa de açúcar do Brasil estava na Bolsa. As empresas europeias, que extraem açúcar de beterraba, e as americanas, que usam o milho, trabalham com culturas anuais. O valor investido para plantar beterraba e milho está no balanço do mesmo ano da colheita e produção. Já a cana-de-açúcar demora, pelo menos, dezoito meses para estar no ponto de ser cortada.

O momento do setor sucroalcooleiro no Brasil era fantástico. Os presidentes do Brasil, na época o Lula, e dos Estados Unidos, o Bush, estavam empenhados em divulgar para o mundo o combustível renovável, o etanol, como o novo petróleo. Acabamos levantando 403 milhões de dólares nesse IPO na Bovespa, em 2005. Poucos meses depois do lançamento, o preço da ação tinha mais que triplicado, saindo de cerca de quarenta para 150 reais.

Obviamente, sempre pensávamos em passos mais ousados e, para isso, o crescimento era importante, e o dinheiro, mais ainda. Consideramos fazer uma segunda oferta de ações na Bovespa. O problema é que essas ações seriam compradas por novos investidores e, com isso, quem já estava na empresa teria sua participação diluída com a entrada de novos acionistas. Fazendo isso, eu perderia o controle da empresa. Não queria ficar com um percentual abaixo de 51%.

Então, sabíamos que precisaríamos de dinheiro, mas deveríamos consegui-lo sem a diluição da minha participação. A única forma de fazer isso seria por meio da emissão de *bonds* perpétuos. Como eles não têm vencimento, o investidor compra, mas a companhia nunca recompra e só paga juros. Não tínhamos certeza de que isso seria possível no Brasil, pois, até então, só alguns bancos tinham usado a dívida perpétua. No ano seguinte ao do IPO, resolvemos nos aventurar e fomos para a Ásia. Calculamos que levantaríamos 300 milhões de dólares e conseguimos 450 milhões de dólares, 50% a mais.

Assim, acabamos emitindo outro *bond* de 400 milhões de dólares, em janeiro de 2007. Naquele momento, estávamos cogitando a compra da usina Vale do Rosário, uma usina modelo na região de Ribeirão Preto, mas não deu certo. O episódio acabou se transformando num daqueles casos de males que vêm para bem. Foi depois da derrota na tentativa de comprar a usina que decidimos diversificar os negócios do grupo.

O setor sucroalcooleiro era a moda aqui no Brasil, os preços estavam bastante altos. Nosso grande desafio não era mais como levantar recursos, mas como aumentar o capital da Cosan com novos investidores sem que eu, o dono do grupo, perdesse o controle acionário. Porque acredito que empresas têm mais rentabilidade quando são administradas por profissionais, mas ainda tendo um dono, e não se tornando corporações.

Novo patamar

Em julho de 2006, o Morgan Stanley havia levantado a ideia de fazermos um lançamento de ações na New York Stock Exchange (NYSE), com um poder de voto diferenciado. Seria uma alternativa para a Cosan aumentar seu capital sem que eu perdesse o controle da companhia. Mas a empresa não estava preparada e não tinha padrões de controle interno nos níveis exigidos pela SEC, Securities and Exchange Commission, o órgão regulador de mercado nos Estados Unidos. Além disso, não sabíamos se existia apetite de investidor para nossas ações nos Estados Unidos. De qualquer modo, contratamos um grupo de empresas para nos ajustarmos aos padrões americanos e fomos à luta.

Criamos uma holding nova, a Cosan Limited, nas Bermudas, único paraíso fiscal que o mercado financeiro respeitava. Para nós, esse respeito era importante, porque, sendo uma empresa "estrangeira" fazendo um IPO na Bolsa de Nova York, teríamos um período maior para atender às exigências das leis americanas. A competição no setor havia mudado desde o IPO na Bovespa. Tínhamos concorrentes de maior poder financeiro, além da possibilidade da chegada de empresas de óleo no setor por causa do etanol. Então, resolvemos levar isso mais a sério.

Para enriquecer mais as discussões, além do Morgan Stanley e do Credit Suisse convidamos o Goldman Sachs para o projeto de emissão de ações na Bolsa americana. Com os três bancos, o negócio começou a andar de forma mais concreta. E nós queríamos que a emissão fosse global, porque seria complicado deixar o Brasil de fora.

Contratamos um escritório para fazer a parte local da emissão de BDRS (Brazilian Depositary Receipts). Emitiríamos as ações lá fora e teríamos um equivalente no Brasil para investidores locais que quisessem comprar. Obviamente, era uma articulação complexa, porque seríamos a primeira empresa brasileira a emitir ações de fato em Nova York. Até então, as empresas tinham ADRS (American Depositary Receipts), equivalentes aos BDRS, papéis que equivalem a ações, têm o mesmo status, mas não são de fato ações.

Era algo pioneiro para nós, no Brasil. Mas tudo que parecia obstáculo acabava se tornando um incentivo. Em abril de 2007, por exemplo, tivemos uma surpresa: a vinda da Tereos, uma cooperativa produtora de açúcar de beterraba da França que detinha 6,2% de participação no capital da Cosan e era dona da usina Guarani, aqui no Brasil.

Eles me propuseram a compra da participação deles, mas eu não estava interessado, pois meu objetivo era comprar outras usinas para crescer. Até que, no dia primeiro de junho de 2007, especulações no mercado davam conta de que a Tereos planejava vender em bloco os 6,2% que detinha da Cosan, fazer IPO na Bovespa e investir no açúcar Guarani. Três dias depois, os boatos se confirmaram. A Tereos se desfez dos 6,2%, jogando o preço das ações da Cosan para baixo. Imediatamente, eu quis fazer o IPO na NYSE antes que a Tereos concretizasse o deles aqui no Brasil. Corremos contra o tempo para pegar bancos, auditores, escritórios de advocacia e consultores, trabalhando noite e dia. E fizemos um arquivamento confidencial tanto na Bolsa de Nova York quanto na CVM, a Comissão de Valores Mobiliários.

No entanto, como havíamos decidido que os acionistas do Brasil poderiam converter suas ações da Cosan S.A. em ações da Cosan Limited, das Bermudas, a CVM negou-se a manter a confidencialidade. Determinou que fizéssemos um fato relevante apresentando esse plano, tornando pública nossa movimentação. Quando foi publicado nos jornais, o mercado brasileiro ficou revoltado. Os investidores daqui queriam que a empresa fizesse a operação no Brasil, e não nos Estados Unidos, para que eu perdesse o controle, porque havia grandes empresas de commodity querendo comprar a Cosan. A CVM, que regula o mercado de ações no Brasil, não se conformava com a ideia de a Cosan ir para outro mercado depois do IPO no Brasil.

Foi difícil. A CVM tentou abortar a operação de todas as formas, nos chamou para conversar, apresentou argumentos para nos demover da ideia. O temor deles era que outras empresas também migrassem, saíssem da Bovespa para a Bolsa de Nova York. Sendo que a Cosan não chegou a sair completamente, mas a Bovespa não queria que os acionistas daqui trocassem as ações da Cosan S.A. para as da Cosan Limited, como oferecemos.

Mas antes das férias do verão europeu daquele mesmo ano de 2007 já havíamos recebido luz verde da SEC americana para a emissão, e ficamos aguardando a da CVM para poder emitir BDR aqui. Eles não queriam autorizar, com o argumento de que o dinheiro da oferta entraria na Cosan Limited, que poderia vir para o Brasil e comprar outras usinas e acabar concorrendo com a própria Cosan S.A., da Bovespa. Foi quando o José Olympio, do Credit Suisse, e o Daniel Goldberg, do Morgan Stanley, se propuseram a conversar com a diretoria da CVM.

Foram recebidos pela então presidente da comissão, Maria Helena Santana, e garantiram que qualquer investimento da Cosan Limited no Brasil seria feito através da Cosan S.A., para não concorrer com ela. Ou seja, a Cosan Limited iria capitalizar a Cosan S.A. e, com esses recursos, faria as aquisições. Com isso, estava resolvido o problema. Precisaríamos de novo da autorização para seguir com o IPO. E ela veio rápido.

O infiltrado

Nesse meio-tempo, foi publicada a edição da revista *Dinheiro Rural* comigo "todo bonitão" ali na capa. Aquela bela foto escondia um truque que quase nos prejudicou. Quando uma empresa faz um IPO no Brasil, precisa realizar pelo menos uma reunião pública em que qualquer investidor pessoa física que esteja interessado possa entrar e participar para decidir se vai comprar ou não ações. Fizemos dois desses eventos, um em São Paulo e outro no Rio de Janeiro. Em um deles, um jornalista da revista entrou como se fosse um investidor e escreveu toda a matéria com base naquilo que presenciou. Havia quem dissesse que tinha sido ideia minha deixar o jornalista fazer a matéria para divulgar a operação. É claro que não foi. Mas a reportagem causou um alvoroço no mercado e, por causa dela, a CVM nos autuou e ainda demorou quase quatro semanas para acender a tão esperada luz verde.

Para dificultar ainda mais a situação, o dia escolhido para a nossa abertura de capital na Bolsa de Nova York foi aquele em que o mercado desabou por conta da crise do subprime,* desencadeada a partir da queda da Bolsa americana e que repercutiu no mundo todo. Era o pior dia possível para vender ações e apostar tantas cartas no nosso futuro — um dia em que o mundo parecia não ter mais futuro. Mas eu sempre digo que é nesses dias que um executivo tem mais a fazer, mais decisões a tomar, mais suor para transpirar. E chega um momento em que só o dono pode assumir o leme e levar o barco adiante.

Fizemos a operação, e foi fantástica. Nossa expectativa era vender as ações da CZZ por 20 dólares cada. Mas quando a

---

* A crise foi motivada pela concessão de empréstimos hipotecários de alto risco, prática que arrastou vários bancos para uma situação de insolvência.

Bolsa de Nova York abriu, com o painel todo vermelho, elas só estavam valendo quinze dólares. Ou seja, em apenas algumas horas, seu valor poderia se transformar em centavos, virar pó. Nessa hora, deu um frio na barriga da nossa equipe — inclusive na minha. No auge da tensão, em meio ao maior suspense, o pessoal aflito vira para mim e pergunta: "E agora, o que a gente faz? Desiste de fazer o IPO, adia a abertura do capital?". Nesse momento só pude me valer da minha intuição. Minha resposta foi: "Claro que não! Tudo bem, vai em frente, está fechado, eu topo". E vendemos. No fim do dia, as ações não viraram pó e foram negociadas a 10,50 dólares, o que resultou em 1,4 bilhão de dólares na nossa conta.

Nosso objetivo com esse IPO era levantar recursos para comprar a usina Vale do Rosário, na região de Ribeirão Preto. Nossa estratégia estava orientada para a consolidação de nossa presença no setor sucroalcooleiro, o que já era muito. Mas o imponderável interferiu nos meus planos, porque os proprietários da usina desistiram da venda quando já estávamos com o dinheiro na mão. É impressionante você olhar a conta bancária da empresa e ver que entrou um montante de mais de 1 bilhão de dólares. Se tem algo que aprendi na minha trajetória de empresário é que "dinheiro é dinheiro". E, em época de crise, essa máxima é ainda mais verdadeira. Nessas situações, é melhor estar com dinheiro na conta. Muitas companhias sucroalcooleiras quebraram por falta de caixa em meio àquela turbulência.

Naquele dia especial de 2007, naquela corrida contra o tempo, precisei tomar decisões apenas com base na minha intuição. Mas nunca perdi de vista o fato de que um executivo não pode basear sua vida profissional nesse elemento. Tem que saber dar importância aos dados técnicos, às análises objetivas e às opiniões dos que o rodeiam. Tem que ouvir, perceber, avaliar e só então agir.

14
Laços que me fazem forte

NÃO TERIA FEITO O QUE FIZ AO LONGO da minha vida sem o carinho, a solidariedade e a colaboração de pessoas que me são muito chegadas. Não apenas do meu círculo familiar, mas que também atuam ou já atuaram comigo em minhas empresas, além dos amigos.

A começar pelos meus irmãos. Mara, minha irmã, gosta de dizer que nós quatro formamos um bloco unido. Apesar dos conflitos e dificuldades pelos quais já passamos, sempre podemos contar um com o outro. Nossa mãe nos ensinou essa união, nos ensinou a termos uma ligação mesmo sem contato permanente, e a morte súbita de nosso pai fortaleceu isso entre nós. Temos uma rede de proteção constante. Certa vez, minha sobrinha Alice, filha da Mara, estava indo para a faculdade em São Paulo quando bateram no carro dela. Eram oito horas da manhã, minha irmã me ligou da casa dela, e em dez minutos eu já tinha resolvido tudo.

Esse mesmo espírito de união transportei para a relação com minhas filhas. Sempre fiz questão de estar presente, participar da vida delas. Fazia questão de jantar em casa quando estava em São Paulo. Não houve reunião de escola ou apresentação delas em que eu não estivesse lá. Quando a Isabel era criança, haveria um eclipse solar durante o horário do colégio. Ela estava com os colegas e professores no pátio, todos na expectativa para ver o fenômeno. Saí do escritório só para ir até lá e entregar um negativo de filme a ela para que pudesse ver melhor o eclipse. Ela se lembra do episódio até hoje e sempre fala dele com muito carinho. Fico feliz por ter conseguido participar daquele pequeno momento.

Depois, quando elas cresceram um pouco, eu queria que as reuniões com os amigos fossem em nossa casa. Queria trazer todos para perto, gostava de conversar com eles, puxava assunto, fazia perguntas. Era uma forma de conhecer cada um deles e ficar um pouco de olho também.

Hoje em dia temos uma relação de amizade, além da relação de pai e filhas. Vamos para a fazenda juntos, elas levam os filhos e também os amigos com os filhos deles. Sempre conversamos muito sobre tudo. Eu ficava preocupado quando elas arrumavam namorado. Mas quando percebia que estavam com uma pessoa legal, eu relaxava. É muito gostoso participar da vida dos filhos.

Há os momentos de embates e desencontros, claro. Certa vez, tive uma discussão com a Gabriela em que ficamos quase duas horas conversando, cada um falando o que pensava. No final, não nos entendemos e ficamos tristes. Ela estava na minha casa, pegou os filhos e foi embora. Passei a noite pensando em tudo o que dissemos um ao outro. No dia seguinte, no escritório, pedi à secretária para chamá-la para vir até minha sala. Ela veio pronta para ouvir uma bronca. Quando entrou, eu já estava com lágrimas nos olhos, dei um abraço forte nela e pedi desculpas. Fui sincero com ela, como ela havia sido sincera comigo na véspera. É difícil ouvir algumas verdades, principalmente quando elas vêm da nossa filha. Mas temos que saber reconhecer isso, aprender com nossos erros. Somos sinceros um com o outro, e isso é muito importante para a confiança da nossa relação. Sempre foi assim.

Quando se casou com o Burka, que é como chamamos o Burkhard, ela quis fazer uma surpresa para ele, e eu dei todo meu apoio. Na cerimônia, ela estava vestida de noiva e, quando terminou, falou para os convidados: "Agora é hora de relaxar um pouco". De repente, tirou o vestido e apareceu no palco de calça e camiseta. Dublou duas músicas, dançou, animou a própria festa. Foi muito divertido. Ela ensaiou durante três meses, sem o noivo saber.

Depois de um tempo que se casaram, eu trouxe o Burka para trabalhar comigo. Ele já participava do conselho da Cosan, mas a empresa crescera muito, e eu precisava montar uma estrutura para cuidar das minhas finanças pessoais. Ele ficou preocupado, achando que eu o estava chamando apenas por ser casado com minha filha. Mas eu já tinha observado o trabalho dele, convidei mesmo pelo lado profissional. E disse que se ele se separasse da Gabi, mesmo assim, meu convite estaria de pé. Quando deixei isso claro, ele aceitou.

Ele me ajudou a separar uma área das fazendas que estavam dentro do meu patrimônio pessoal para começar um desenvolvimento imobiliário. Quando fizemos o primeiro lançamento, em 2009, com aproximadamente quatrocentos lotes, vendemos tudo em três horas. O Burka veio me contar, todo contente, mas retruquei na lata: "Você está querendo dizer que vendeu muito barato!". Gosto de puxar a corda, tirar da zona de conforto. Faço isso com qualquer pessoa que trabalha comigo, e com meu genro não seria diferente. Então, ele me explicou que o preço tinha subido cinco vezes nesse intervalo, ficando entre os mais altos de Piracicaba.

Família que escolhemos

Amizades são daquelas coisas que ficam para sempre. Embora nos afastemos de alguns amigos com o passar do tempo, com as mudanças e os rumos que cada um vai seguindo, nunca nos esquecemos deles. Posso dizer que hoje meu círculo de amizades se divide em três: os amigos da infância em Piracicaba, os da Politécnica da USP e os de viagens.

Fui muito feliz com as amizades que fiz em Piracicaba. Meus amigos eram, em sua maioria, um pouco mais velhos do que eu e me ajudavam fazendo coisas que um menor de idade ainda não podia fazer, como dirigir carros. Em 1963, quando passou o filme *Moscou contra 007* em Piracicaba, eu tinha treze anos. Como o filme era impróprio para menores de catorze, o porteiro não queria me deixar entrar. Fiquei louco! Gerólamo, meu amigo da vida inteira, estava comigo e conseguiu dar um jeito para eu entrar sem que o porteiro me visse. Ele sempre lembra que cismei de ter um relógio Rolex igual ao do Sean Connery no filme. Além do Gerominho, estavam sempre comigo também Nenê Munhoz, José Álvaro Fioravante, Mário Colombelli Filho, o Maninho, que acompanhava meu irmão Celso nos estudos, Edson Fadigas, primo-irmão que estava no carro quando conheci Mônica, e Constante Ometto Corrêa de Arruda, o Negão, que também é meu primo.

Quando vim estudar em São Paulo, comecei a criar um segundo círculo de amizades na Politécnica. Meu primeiro amigo dessa fase foi Renato Reitzfeld, que conheci no cursinho Anglo-Latino e que todo sábado me levava para almoçar na casa dele. Renato casou-se com a Rosane, que também é uma grande amiga da Mônica. Sérgio Clemente, meu primo, foi meu colega de Poli e de Votorantim, além de sermos compadres. Ele é meu padrinho de casamento, e eu sou padrinho dele também. Tem também o Pedro Camargo, com quem mantenho uma amizade até hoje, e outros dois dos quais fui muito amigo, embora agora estejamos um pouco afastados: Walter Tranchesi, o Waltinho; e Pier Giuseppe Setten, com quem passei quinze dias hibernado no rancho do meu pai, estudando para o vestibular.

Eu e a Mônica temos dois grupos de amigos com quem sempre viajamos. No primeiro estão Luiz Nascimento e Renata, José Pires e Vera Helena e Tito Enrique e Lu; no segundo, Carlos Pires e Regina, Toninho Silva e Bebel, Maurinho Paes de Almeida e Lígia e Deco Verdi e Nira. Além deles, temos Bob Coutinho e Isabel Cristina, nossos companheiros de quarenta anos, com quem passamos muitas férias. Dessas turmas de casais, gosto de reunir em um almoço de fim de ano na minha casa apenas os homens. Uma espécie de "clube do Bolinha" em que falamos de negócios, jogamos conversa fora e, o principal, nos divertimos com uma degustação de vinhos. Sempre participam desses eventos: Caco Pires, Luiz Nascimento, Tito Enrique, Beto Paes Barreto, Bob Coutinho, Toninho Silva, Toninho Abdala, Maurinho Paes Almeida, Deco Verdi, Gilbertinho Faria, Fernando Toledo, José Pires e Alfredo Tobler.

Há ainda aqueles amigos que estão na minha vida há tanto tempo que já parecem ser da família. Como o Luciano de Oliveira, que é o meu coach de tênis há trinta anos; e Genésio Rodrigues, a quem todos chamam de Corinho, que é meu coach de golfe.

O tênis eu jogo desde os doze anos; já o golfe, achava que não era esporte, mas um jogo que demandava certa delicadeza. Obviamente, era puro preconceito meu. Até que um amigo, o Caco, comprou uma fazenda que tinha um campo de golfe, com três buracos. Comecei a jogar sem muita pretensão e gostei. O gosto pelo esporte foi crescendo, hoje a fazenda tem dezoito buracos, que é o ideal, e virei um praticante inveterado, participo de competições, levo a sério.

Para dar uma ideia de como entro de cabeça nas competições esportivas, já cheguei a ganhar do Emerson Fittipaldi em uma corrida de kart. Superei, na pista, o bicampeão de Fórmula 1 e campeão mundial de Fórmula Indy. O homem ganhou até a mítica 500 Milhas de Indianápolis, mas, nesse dia, ele foi superado. Foram três baterias. Eu ganhei uma, o Celso ganhou outra e nós dois ganhamos do Emerson Fittipaldi. Guardo a prova até hoje na minha sala: um exemplar da revista *Autoesporte* que traz o título: "Em Limeira venceram Emerson e os Mellos".

Muito tempo depois, encontrei com o Emerson numa reunião e comentei: "Eu já ganhei de você numa corrida de carros!". Ele olhou para mim espantado e perguntou: "Quem é você?". E eu, todo orgulhoso e pimpão, respondi: "Sou o Rubens Ometto Silveira Mello!". De tanto que correu de carro na vida, já nem se lembrava desse dia, claro. Ele perguntou quem eu era ao Dito Giannetti, que era amigo nosso e tem uma pista de corrida em Piracicaba. Quando Dito explicou, Emerson reagiu: "Imagina, ele veio me dizer que já ganhou uma corrida de mim!". Então, Dito mandou buscarem o exemplar da revista e, quando viu, Fittipaldi teve que aceitar: ganhamos dele, sim! Para completar, como gosto de tirar sarro, peguei uma cópia da reportagem e ofereci para o Emerson, autografada por mim!

Eu e meu irmão participamos de várias corridas. Éramos uma turma de corredores, e Celsinho gosta de lembrar que, de todos nós, eu tinha o capacete de corrida mais lustrado e mais bonito. E tinha mesmo. Eu e Roberto Dedini também colocávamos um lenço no pescoço. O Celso e os outros montavam o carro, mexiam com ferramentas, ficavam sujos de graxa. Eu e Dedini éramos os mais arrumados. Um dia, no meio de uma corrida, meu lencinho enroscou na ventoinha e quase me enforcou.

Se tem um ensinamento que o esporte me trouxe é que não devemos desprezar o fator sorte para conseguir um resultado positivo. No tênis, tem momentos em que você joga uma bola baixa, que não sai como você queria, mas aí ela bate na fita da rede e cai devagarinho do outro lado, sem chance para o adversário. Ou mesmo no futebol, o atleta pega uma bola de canela, totalmente desajeitado, mas ela vai direto para o gol, decidindo o resultado da partida. Às vezes, a sorte decide quem vai vencer, mas para isso você tem que se preparar e entrar em quadra para dar o melhor. Isso vale tanto para o jogo como para os negócios. Gary Player, um dos maiores jogadores da história do golfe, falava: "Quanto mais eu treino, mais sorte eu tenho". Adaptei esse lema para mim, trocando o verbo treinar por trabalhar. Se você tiver foco, uma hora a sorte ajuda.

Laços no trabalho

A minha relação com o trabalho faz com que eu me aproxime das pessoas do meu círculo profissional no plano pessoal também. Porque acaba existindo muita afinidade entre nós. Gosto de trabalhar com quem vê o trabalho da mesma forma que eu, que se empolga com uma negociação, tem prazer de fazer o que faz não só pelo dinheiro, mas porque está envolvido mesmo naquilo.

Em 2007, convidei o Marcelo Martins para ser CFO. Estávamos desenvolvendo um projeto da Radar, que se transformou na maior empresa de terras do Brasil, com investimento de 8 bilhões de reais e 350 mil hectares de terra, em sociedade com o fundo de pensão americano TIAA-CREF. Eu conhecia o Marcelo da Votorantim Cimentos, onde ele era o financeiro. Logo que ele chegou, pedi que me ajudasse a fazer aquisições, pois precisava diversificar o negócio, não ficar apenas no açúcar e no álcool. E foi então que compramos a Esso, fizemos a Raízen, montamos a Rumo, adquirimos a Comgás. Todo o processo de crescimento do grupo aconteceu com o Marcelo ao meu lado, junto com o Marcos Lutz, basicamente de 2008 a 2015. Foram sete anos de muita expansão.

Nesse período, desenvolvemos uma forte conexão pessoal, que vai além da vida profissional. Certo dia, em meados de 2015, chegou a mim uma fofoca que estava circulando no mercado financeiro sobre a sexualidade do Marcelo. Ele havia se separado da mulher no ano anterior para se assumir gay, mas nunca me falara sobre isso. Para mim, não havia necessidade, sempre achei que não precisávamos tocar nesse assunto. É a vida particular dele, não me diz respeito. Se viesse me contar, também não seria problema.

Mas o fato é que estava circulando entre as pessoas do mercado financeiro uma foto na qual ele aparecia em meio a várias figuras notoriamente gays. Soube que havia até uma aposta sobre quanto tempo ele duraria trabalhando comigo. A maioria acreditava que eu o demitiria, pois jamais aceitaria o fato de que meu braço direito, junto com o Marcos, fosse gay. Imaginei que isso pudesse estar causando algum desconforto a ele e, talvez, até insegurança sobre o que eu pensava sobre isso. Percebi a aflição dele ao tentar me contar, sem saber como entrar no assunto, por isso resolvi facilitar as coisas. Eu tinha acabado de fazer uma cirurgia, e o médico havia pedido para eu ficar um tempo sem ir ao escritório. Então, chamei o Marcelo para discutir alguns negócios na minha casa.

Eu não tinha exatamente um plano para abordar o tema. Falamos sobre o que tínhamos que falar do trabalho e, quando terminamos, me ocorreu levá-lo para ver as obras de arte que eu acabara de comprar. Perguntei se ele tinha visto quando chegou, ele disse que não, mas que sabia que eu havia comprado um Picasso. "Vem cá, quero te mostrar", e o peguei pelo braço, como nas inúmeras viagens de negócios que fizemos, quando caminhávamos do hotel ao restaurante de braço dado pela rua.

Fui com ele em direção à sala onde estava a obra e disse: "Você sabe que eu quero você como meu sócio. Quero porque você é competente, mas não é só por isso. É principalmente porque gosto de você, porque o respeito, porque você é um cara que eu considero muito próximo de mim. Você e o Marcos são como filhos. E você pode ser quem você quiser, pode fazer o que quiser, não importa. Eu conheço você, conheço o seu caráter e gosto muito de você, independentemente de quem seja". Não precisei dizer mais nada, ele entendeu.

As pessoas começaram a perceber que eu sabia, e isso acabou gerando um respeito maior pelo Marcelo, o que é mais do que merecido. Ele é uma das pessoas mais competentes com quem já trabalhei. Uma vez cismei de comprar uma empresa, mas ele não queria. Insisti, e fechamos a negociação. No primeiro ano, a empresa não andou, embora eu soubesse que o negócio era muito bom do ponto de vista operacional. Marcelo concordou, mas fez a ressalva de que financeiramente não funcionava. Eu disse a ele: "Não me vem com essa de 'bem que avisei'. O negócio está feito, o problema está criado. Vai lá e resolve". E deixei que ele resolvesse como quisesse. Dou essa liberdade em parte porque confio e em parte porque gosto que as pessoas trabalhem com responsabilidade, como se a empresa fosse delas, mas sem nunca esquecerem que ela é minha.

Acredito em empresas controladas por um dono, e não em corporações. É preciso que alguém tenha a última palavra, ainda que raramente a use. Assim como é importante que as pessoas entendam que o dono do negócio tem essa prerrogativa, mesmo que nunca faça uso dela.

Os investidores financeiros, as pessoas no geral, podem ter uma imagem de que sou um controlador que analisa absolutamente tudo o que passa pela minha mão. E é verdade, mas isso não quer dizer que eu seja autoritário. Gosto muito de ouvir e compreendo quando errei, volto atrás nas minhas opiniões, dou espaço para que as pessoas me questionem, me provoquem, para chegarmos o mais perto possível da melhor solução para os negócios. Por isso, contrato especialistas que conhecem bem suas áreas de atuação e me auxiliam, me trazem informações importantes para a tomada de decisão. Tudo isso faz parte do processo de profissionalização do negócio.

15
A guerra dos Ometto

MINHA VIDA NOS NEGÓCIOS da família foi marcada por duas grandes brigas: a primeira com meu tio Orlando e com meus primos, e a segunda com minha própria mãe e meus irmãos, principalmente o Celso.

Em 1986, foi publicado o livro *Os Ometto*, que contava a história da família, desde a imigração dos meus bisavós ao Brasil. Nessa época das brigas familiares, eu brincava que iria lançar um segundo livro chamado *Os Ometto II — A Grande Guerra*, pois as brigas se tornaram batalhas jurídicas que se estenderam por anos.

Primeira batalha

Na década de 1980, tínhamos um acordo de acionistas que dividia o comando das três empresas da família. A usina da Barra, em Barra Bonita, ficava com meu tio Orlando, e as usinas Costa Pinto e Santa Bárbara, em Piracicaba, ficavam com minha mãe, sendo administradas por mim. Durante essa fase, tivemos alguns atritos corriqueiros do dia a dia dos negócios, nada relevante. Até que meu tio Orlando faleceu, em 1988, e a família indicou o filho dele, Sérgio Ometto, para sucedê-lo no comando daquele lado do grupo.

No ano seguinte, foi convocada uma assembleia na usina Costa Pinto, e um dos itens da pauta era a eleição dos administradores da empresa. Pelo acordo, a parte da usina da Barra era obrigada a me indicar como presidente do conselho e diretor presidente, cargos que eram ocupados pelo meu tio. Mas Sérgio convenceu alguns acionistas minoritários de que o acordo continha ilegalidades. Na votação, fui destituído.

Como diz a Mônica, eles "entraram com o pé na porta". Fui pego de surpresa. Aleguei que aquilo era um absurdo, que violava o acordo e que eles iam responder por perdas e danos. Também deixamos claro que iríamos buscar nossos direitos de voltar à administração, bem como de reconhecer como ilegítimos todos os atos praticados por aquela administração que entrava, pois ela era espúria e não representava legalmente a companhia.

Algumas semanas depois, e com a mesma intenção de me afastar, Sérgio convocou a assembleia na usina Santa Bárbara. Mas dessa vez eu e meus advogados já estávamos escaldados e nos antecipamos. Criamos um grupo de ação. Éramos eu, Pedro Mizutani, à época nosso supervisor de planejamento, e Marcelo Portela, então consultor jurídico. Depois entrou outro advogado, o Antônio Augusto Guerra, que era quem cuidava da parte trabalhista da empresa e, nessa ocasião, nos ajudou para que eu não fosse expulso da usina Santa Bárbara.

Foi uma assembleia belicosa, em que nossos adversários abandonaram a discussão antes do fim da reunião. Continuei na administração da Santa Bárbara até que, em 1990, fizemos um novo acordo na Justiça e pude, finalmente, voltar para a Costa Pinto. Foi quando descobri que a situação financeira da usina ficara péssima. Ao perceber que ia perder a disputa, Sérgio começou a transferir recursos da Costa Pinto para a usina da Barra. Decidi então pedir concordata, atualmente chamada de "recuperação judicial", que permite a prorrogação de débitos da empresa até que ela se restabeleça. Como a Barra tinha sido avalista dos empréstimos tomados pela Costa Pinto, foi obrigada a pagá-los. Depois da usina da Barra honrar os compromissos da Costa Pinto, assumidos quando eu não estava na gestão, tudo andou em paz.

Foram quase cinco anos de litígio. O que deu o empurrão para a assinatura do acordo que pôs um ponto final nessa disputa toda, em 1993, foi um erro de datilografia. Quando foi feita a reformulação do acordo de acionistas antes do tio Orlando morrer, na correria, um erro na forma como o contrato fora escrito dava a entender que, em vez de a família da minha mãe ser responsável apenas pela Costa Pinto, Santa Bárbara e Jaíba, também seria responsável pela usina da Barra. Aproveitei essa brecha e levei o caso à Justiça. Quando meu primo Sérgio viu que, se isso fosse a fundo, iria perder tudo por causa desse erro de digitação, se resignou. Fizemos o novo acordo separando tudo direitinho.

Ao final de tantos capítulos, a trama ainda teve um *plot twist*, aquelas reviravoltas que ocorrem em filmes e novelas. A empresa do lado de lá não ia bem das pernas, quando a sobrinha do Sérgio, filha do irmão dele, foi sequestrada, o que traumatizou muito a família. A mãe e a irmã dele decidiram vender a parte delas para mim e se mudar para a Suíça. Ou seja: através dessa compra, eu entrava de novo na usina da Barra.

Tida como a joia da coroa, a usina da Barra era a maior usina individual do mundo. Fazia tipos de açúcar que poucas usinas produziam: para remédio, para alimentos — numa área especial que parecia a Nasa, completamente separada da área que moía açúcar para exportação. Tinha também um braço de varejo: o Açúcar União era a marca *prime*, e o Açúcar da Barra era a mais popular.

Segunda batalha

Em paralelo, eu e meu irmão Celso começamos a adquirir outro braço de usinas, o chamado Grupo Bom Jesus. Fiz a compra com o dinheiro da herança deixada pelo meu pai. E foi aí que começou a segunda briga familiar. Minha mãe achou que eu tivesse usado nessas aquisições o dinheiro gerado pelas usinas Costa Pinto e Santa Bárbara, colocando a primeira em situação pré-falimentar. A Costa Pinto tinha, de fato, entrado em concordata, mas o motivo tinham sido os desvios de recursos do meu primo Sérgio para a usina da Barra.

Certo dia, eu estava jantando com a Mônica e minhas filhas quando tocou o telefone. Levantei-me para atender e voltei para a mesa até meio bambo. Tentei ser forte e não demonstrar, mas a Gabriela percebeu na hora e perguntou: "O que houve, pai?". Minha mãe tinha entrado com um processo para me ver fora do comando da companhia. Não posso afirmar, mas suponho que ela tenha sido influenciada pelas minhas irmãs e pelos sobrinhos. Mãe sempre fica do lado daqueles que considera mais fracos. A grande questão era que ela queria colocar os sobrinhos na gestão da empresa.

Marcelo Portela disse, com certa razão, que "a Costa Pinto era um Opala velho que eu tinha transformado numa Ferrari".

O grupo como um todo estava indo muito bem. E isso só se faz com uma gestão 100% profissionalizada. Eu insistia que os acionistas ficassem apenas no Conselho. Foi um longo debate sobre isso. No entanto, meus irmãos, principalmente o Celso, ficaram do lado da minha mãe. Eles propuseram dividir as usinas novamente. Mas depois de todo o esforço que eu tinha feito para formar um grupo, e com todas as vantagens que isso trazia — a redução de custos, o potencial de crescimento e de barganha com o governo —, eu era absolutamente contra a divisão.

Dessa vez, a batalha judicial durou cerca de dois anos, que aliás foram os piores da minha vida, pois eu era muito ligado à minha mãe e aos meus irmãos. Chegou uma hora em que eu disse: "Quer saber? Vocês ficam aí, eu vou embora, vou cuidar da minha vida. Penso completamente diferente". Minha ideia era assumir as usinas que eu tinha comprado em paralelo e começar tudo de novo, mas de maneira independente. Aí minha mãe finalmente se convenceu e falou: "Não, vamos voltar, vamos fazer um acordo".

Nesse acordo criamos uma holding, na qual incluímos o Grupo Bom Jesus, para administrar o nosso lado dos negócios, sem a parte dos meus primos. Eu continuei no comando, e minha mãe nomeou um diretor chamado Carlos Malluf. Na época, ele tinha acesso livre, participava de todas as reuniões, podia perguntar o que quisesse. No final deu tudo certo, e acabei comprando a parte dos meus irmãos.

Após o acordo, levou um tempo para a gente sair daquele clima ruim, porque os ânimos ainda estavam exaltados. Lembro-me de um dia em que a Gabriela estava em Piracicaba, fazendo um estágio na usina, quando me ligou e perguntou: "Pai, você fez as pazes com a vovó? Posso passar lá na casa dela?". Eu disse: "Pode". Ela contou que minha mãe abriu a porta meio desconfiada, mas assim que se aproximaram, começaram a chorar. As duas se abraçaram e ficaram ali conversando por horas a fio. Esse gesto da Gabriela acabou representando a bandeira branca levantada no meio de uma batalha, o momento da trégua. Depois disso, voltamos todos a nos falar e ficamos muito próximos novamente.

16
A expansão da Cosan

QUEM OLHA O TAMANHO DA COSAN HOJE, com mais de 45 mil funcionários e lucro líquido de 2,425 bilhões de reais em 2019, não imagina que seu nome surgiu de forma despretensiosa, quase amadora, criado por mim mesmo num dos meus raros momentos de improviso. Logo que fui trabalhar no grupo de usinas fundado pelo meu avô e chamado então de Pedro Ometto, ficávamos todos no mesmo escritório em um prédio na Avenida Paulista, região central e comercial de São Paulo. Enquanto eu e meu tio Orlando ainda nos entendíamos bem, continuei ali, mas à medida que começamos a discordar em muitos assuntos, decidi alugar outro escritório na marginal Pinheiros, também em São Paulo.

Quando ligavam perguntando de onde falava, eu não sabia se respondia usina Costa Pinto ou usina Santa Bárbara, que eram as duas que administrávamos dentro do grupo. Então, certo dia, respondi: "É da Cosan" — "Co" de Costa Pinto e "San" de Santa Bárbara. E assim surgiu o nome do grupo, que só se tornaria oficial anos depois.

Naquela época, as usinas da família passavam por uma situação financeira muito difícil. Para tentar amenizar os problemas, tomei uma série de providências que resultaram numa significativa redução de custos. Toda a produção de açúcar e de álcool, até mesmo a moagem de cana, estava sob controle do governo. Cada produtor tinha cotas para plantar. Quem controlava isso era o IAA, Instituto do Açúcar e do Álcool. Havia períodos de ociosidade nas usinas, quando não havia cana suficiente para moer. Passei então a comprar cana dos vizinhos e anexar essas cotas às nossas para ter uma produção maior e diminuir os custos.

As exportações de açúcar também eram feitas pelo governo. Para tirar o açúcar do caminhão e colocar no navio, pagávamos 30 dólares a tonelada. Era um absurdo! Comecei a insistir com o governo para que privatizasse os terminais de açúcar da Companhia Docas de Santos. Eles finalmente foram a leilão, e ganhei a licitação de um deles. Fui o primeiro do Brasil a conseguir uma autorização de exportação privada. Reduzi o custo para 3 dólares, apenas 10% do antigo preço. No entanto, não foi fácil chegar a isso. Eu ia falar com o presidente do IAA e ficava na salinha esperando o dia inteiro. Os concorrentes passavam na minha frente e tiravam sarro: "O que é que esse moleque está fazendo aí?".

Como passava o dia inteiro lá e sempre tive hipoglicemia, eu me sentia mal quando não comia. Ando sempre com barrinhas de cereal no bolso, para alguma emergência, mas acabo nem comendo, prefiro me alimentar bem. Então, convencia os diretores a comprar um lanche para mim. Comíamos todos juntos numa sala do IAA. Quando as reuniões eram no Rio de Janeiro, eu comia x-burguer. Em Santos, tinha um peixe de que eu gostava, com molho de camarão sem camarão. Passava o dia inteiro com eles, então tinha a oportunidade de explicar meu ponto de vista e toda a lógica do processo. Com o tempo, eles entenderam, e consegui a cota de exportação. Demorou cerca de seis meses. Comecei com uma cota pequena, mas como deu certo, logo recebi autorização para aumentar.

Quando consegui essa vantagem, meus concorrentes entraram no Supremo Tribunal Federal pedindo uma "isonomia, menos um". Ou seja, eles não reivindicavam nada do tipo "se deu para ele, tem que dar para mim". O que eles argumentavam era que "se eu não tenho, então não pode dar para ele". Uma postura bastante egoísta. Perderam por unanimidade.

Esse episódio foi um divisor de águas na nossa história. Ele nos despertou para uma oportunidade, que, por sua vez, nos criou uma condição vantajosa no mercado. Começamos a comprar outras usinas com problemas de gestão. Depois de adquiri-las, reorganizávamos tudo, dinamizávamos métodos de produção e de gerenciamento. De usina em usina, nosso grupo cresceu muito.

Em pouco tempo, adquirimos em torno de vinte usinas, o que foi o primeiro passo para a expansão da empresa. Fechamos umas quatro ou cinco para ficar apenas com a matéria prima — a cana — que supria a produção de açúcar e álcool das outras. Isso porque a gente tinha mais capacidade industrial do que cana para moer. Então comprávamos a usina para ter acesso à cana que ela plantava e assim poder produzir mais açúcar e etanol, aumentando a rentabilidade. No entanto, esse negócio de comprar usinas nem sempre é tranquilo.

O "dia D" da São Francisco

Pedro Mizutani e meu irmão Celso falam que eu não me importo de ser sócio minoritário em uma empresa, desde que possa colocar nela nosso estilo de administrar. Para mim, isso é cuidar do futuro da companhia da melhor maneira possível, o que acaba por beneficiar a todos os acionistas. Há um episódio da compra de uma usina, em 1987, que ilustra bem esse princípio.

Eu e meu irmão tínhamos uma usina chamada Rio Brilhante, no Mato Grosso do Sul, que não dava lucro e passava por um momento de crise. Estávamos de olho em mais uma usina, chamada Bom Jesus, que tinha participação em várias outras, inclusive na São Francisco, uma usina muito lucrativa, que só produzia açúcar e gerava muitos dividendos. A Bom Jesus tinha três sócios, Raul Cury, David Barrichello e Osório Furlan, que a administravam sem um acordo oficial de acionistas, ou seja, na base da palavra dada. Claro que, mais cedo ou mais tarde, haveria algum problema.

Isso acaba acontecendo na maioria das usinas, geralmente na sucessão familiar. Tudo vai muito bem até que um dos sócios morre e, então, chegam os herdeiros, cada um com uma opinião diferente sobre a partilha ou sobre a maneira de conduzir os negócios. Isso quando a disputa não acontece antes mesmo de alguém morrer. Na época, falei para o Celso: "Os caras vão começar a brigar!".

E o que previ aconteceu. Na usina Bom Jesus, Cury e Barrichello discordaram dos métodos de Furlan, que ameaçou sair. Então perguntei ao Celso: "Vamos entrar nessa?". Ele topou. Procurei Cury e Barrichello e sugeri que eles deixassem o Furlan sair, nós entraríamos no lugar dele. No começo eles ficaram receosos, pois achavam que eu era um cara agressivo, brigava com o governo, com todo mundo. Mas quando propus nossa entrada como sócios minoritários, ficaram mais tranquilos. Depois de muitas negociações, Furlan saiu, e eu e Celso trocamos a usina Rio Brilhante por uma participação de 20% para mim e 19% para meu irmão na Bom Jesus.

A usina Bom Jesus não ia muito bem, mas meu objetivo era a participação de um terço que ela detinha da usina São Francisco. Os outros dois terços pertenciam às famílias Scarpa e Forti. Tudo parecia em ordem de novo, até que os Forti começaram a brigar, um conflito entre primos. Moisés Forti, idealizador e administrador da usina, trouxe como seu braço direito um irmão que era político, o que desagradou os demais sócios da família. Eles resolveram vender a própria parte, e eu, que já tinha 33% da São Francisco através da Bom Jesus, comprei 18% dos descontentes e fiquei com o controle.

Convocamos uma assembleia de sócios na qual se decidiu que o Forti não seria mais o administrador da usina. Mas ele ignorou essa decisão e continuou quase barricado na usina São Francisco. Chegamos à conclusão de que só havia uma saída para o impasse: ocupar a usina e tomar o controle das mãos dele. Tivemos que ir à Justiça e pedir apoio policial, além de contratar uma empresa privada de segurança, que tinha uma tropa de caras fortões, tipo leões de chácara. Mizutani, que cuidou dessa operação, lembra que foi uma ação planejada nos menores detalhes, como num filme. Ocupamos os postos-chave da usina e, quando Forti chegou, às nove horas da manhã, foi impedido de entrar. Ele foi buscar o irmão e o delegado, mas nós estávamos bem documentados. Apresentei a ata da assembleia que o destituíra da administração. Depois de ler atentamente, o delegado disse a ele: "O senhor não dirige nem administra mais esta usina. Se tentar entrar, o senhor que é o invasor". Depois dessa, eles desistiram.

Os outros sócios, os Cury e os Barrichello, jamais tomariam uma atitude dessas. Ficariam com pena do Forti, e a usina teria quebrado. Em matéria de negócios, não dá para ser romântico nem sentimental. Eu sabia que tínhamos que assumir a usina São Francisco porque era lá que se fazia dinheiro. Como acionistas majoritários dela, não podíamos quebrar por causa de um administrador que a assembleia já tinha destituído. Com o tempo, compramos a participação dos Scarpa e dos Forti, e a usina Bom Jesus passou a ser 100% dona da São Francisco.

17
O grande projeto

MINHA TRAJETÓRIA DE VIDA foi planejar e realizar, mesmo quando parecia impossível. Hoje, depois de tantas conquistas, ainda me dedico a novos projetos. O maior deles é planejar a continuação da empresa. Não penso muito sobre como será quando eu não estiver mais na companhia. Conheço muitos casos em que o dono tenta deixar tudo organizado para a própria ausência. Prepara a herança, encontra um modo jurídico de garantir suas determinações e, no fim, dá tudo errado. Um herdeiro puxa para um lado, outro faz o contrário, as demandas e querelas se complicam, duram anos, enquanto o patrimônio vai se desgastando.

Tento deixar tudo arrumado, mas o que virá depois será com minhas filhas, meus netos. Pode ser que, sem minha presença, a empresa não continue da forma como a estou encaminhando. Pode não ter a mesma velocidade, o mesmo dinamismo que imprimo, porque, por ser o dono e fundador, posso me arriscar mais do que um executivo.

Na hora em que eu não estiver mais aqui, minhas filhas exercerão o papel de acionistas e indicarão para executivos pessoas que estou preparando para ocupar esses cargos, para que não se afastem muito do meu modo de agir. No começo, será difícil para todos alcançarem a mesma agilidade, essa capacidade de traçar a rota, corrigi-la assim que se percebe que está errada. Acho que a velocidade da tomada de decisão vai diminuir, porque o processo decisório tende a ser menos dinâmico sem a atuação do dono.

Mas, enquanto ainda me sentir apto, continuarei no comando da empresa. Gosto de ser aquele que projeta, executa, se arrisca e manda ver. E quando deixamos uma empresa, deixamos isso para trás. É preciso estar preparado para essa mudança. Já vi muita gente que prosperou, vendeu a empresa, se aposentou e ficou como se fosse uma sombra pairando sobre o que um dia já foi. Quando se retira, ninguém mais fala com aquela pessoa, nem pede sua opinião. É como se virasse as costas para o mundo que criou. Tudo bem, ficou com muito dinheiro, mas tudo o que se pode fazer com o dinheiro é gastá-lo. Se um sujeito poderoso me diz: "Eu já trabalhei muito, já ganhei muito dinheiro, agora vou passar o bastão, me retirar dos negócios, me aposentar", respondo na bucha: "Antes de fazer isso, tenha certeza de que já está preparado para virar o ex-mandachuva, aquele cara que já era".

Não sou desses que acham que as empresas se dão mal por causa da ausência do dono. Elas mudam com a troca de comando, às vezes para melhor. Vejam o caso do meu avô, por exemplo. Era um italiano semianalfabeto, mas foi um empresário de grande sucesso. Quando morreu, tio Orlando fez os negócios da família crescerem, e eu os deixei muito maiores do que eram ao assumir.

A indústria da cana-de-açúcar e do álcool sempre foi de empresas muito familiares. Na época dos meus pais, dos meus avós, era um negócio no qual só trabalhavam membros da família. Mas desde que assumi os negócios criados pelo meu avô, houve uma transformação no setor, e me orgulho de ter contribuído para isso. Profissionalizei o grupo tirando pessoas que não estavam preparadas, inclusive da própria família. Comprei muitas empresas que sofreram perdas por causa de brigas internas, entre primos, irmãos, e que acabaram sendo vendidas.

Quando se trabalha apenas com a família, o negócio segue amador, sem resultado. As relações familiares prevalecem sempre sobre o trabalho. Se alguém é competente e recebe uma recompensa, é reconhecido, os outros ficam com ciúmes e reclamam, mesmo que não sejam merecedores. O gestor fica pisando em ovos.

Houve uma época em que, toda terça-feira, havia uma reunião da associação dos usineiros em São Paulo. Praticamente todos os usineiros do interior iam para a capital, mas para fazer três coisas que não tinham relação com os negócios: encomendar um terno com o Minelli,* visitar o médico para fazer check-up e sair em busca de diversão. As reuniões eram só um pretexto.

E tinha mais. Quando a safra acabava, em outubro, todos entravam em férias. Deus que cuidasse do clima, o resto era com o mercado, e deste quem cuidava era o governo. Nós mudamos isso. Procuramos descobrir maneiras de produzir alguma coisa na entressafra, para trabalhar o ano inteiro. Passamos a exigir contrapartidas do governo e a contratar profissionais que fizessem uma comercialização mais agressiva do nosso produto.

Claro que ainda existem muitas empresas amadoras no mercado. Mas, hoje, as usinas que continuam trabalhando pelo sistema antigo estão fechando. Não há mais espaço para

---

* Arturo Minelli é um alfaiate conhecido por fazer ternos para empresários e políticos famosos.

esse tipo de administração. Nossa empresa é altamente profissionalizada. O único acionista majoritário sou eu, que sou também o presidente do Conselho. Cada empresa tem um presidente, e há um presidente que coordena todos os presidentes, que já foi o Marcos Lutz e, hoje, é o Luis Henrique Guimarães. Antes, esse posto era meu.

Trabalho e sorte

Conquistar grandes feitos demanda força de vontade, coragem e, acima de tudo, muito trabalho. Acredito que o trabalho foi e será sempre o grande responsável pelas minhas conquistas.

Sei que muitos que me veem hoje como um empresário de sucesso acham que minha trajetória até aqui foi fácil. Desde a saída da casa dos meus pais, em Piracicaba, até chegar aos dias atuais, passei por grandes turbulências, vi várias chances de negócios serem perdidas, tive sérias crises na família por defender os interesses das empresas, enfrentei governos e até órgãos internacionais. Tudo pelo desejo de fazer bons negócios, de lutar contra a burocracia que impera em nosso país, de fortalecer nossa economia.

Posso dizer, com toda sinceridade, que não me arrependo de nada do que fiz. Olho para trás e vejo que valeu a pena. E me orgulho de tudo que fizemos para transformar o Grupo Cosan em um dos mais importantes do país, com presença em setores estratégicos para a economia do Brasil. Fomos bem-sucedidos em cenários político-econômicos diversos e adversos. Apesar dos desafios, crescemos de modo consistente nos últimos dez anos, multiplicando o EBITDA (métrica que melhor representa a geração operacional de caixa) do grupo em quase vinte vezes e criando valor para nossos acionistas e para o país.

Em 2018 tivemos um faturamento líquido de 155 bilhões de reais, pagamos 26 bilhões de reais em tributos e fechamos o ano com 40 mil funcionários próprios e outros 26 mil terceirizados, o que nos coloca entre os maiores empregadores brasileiros.

Assumimos nosso compromisso com o desenvolvimento sustentável por meio da ampliação de uma estrutura logística integrada, eficaz e confiável e da diversificação da matriz energética nacional a partir de fontes renováveis, contribuindo para a redução de emissões de gases do efeito estufa. Com o desenvolvimento de uma estratégia bem definida, construímos um portfólio irreplicável de empresas que se completam e criam sinergia nos negócios de energia do Brasil.

Vamos desde a produção de cana, açúcar, álcool de primeira e segunda gerações, energia elétrica, biogás e lubrificantes até a distribuição e comercialização desses produtos, além de gás natural, diesel, gasolina e querosene de aviação, tendo, para isso, implantado uma infraestrutura de terminais, armazéns e logística, que são complementados por vagões e locomotivas. Somos líderes privados em todos esses setores e responsáveis por mais de 20% do faturamento da Petrobras no Brasil.

Nosso portfólio diversificado permite um rico intercâmbio de experiências, estratégias e melhores práticas entre todas as empresas do grupo, que compartilham entre si o compromisso com a segurança, a integridade de pessoas e de ativos e a eficiência das operações. Buscamos o alinhamento das melhores práticas dentro do grupo, ao mesmo tempo que garantimos às companhias a autonomia necessária para que sejam referência nos setores em que atuam, a partir de entregas cada vez mais consistentes e alto retorno nos seus investimentos.

Reconheço que ninguém faz nada sozinho e jamais deixarei de agradecer o apoio de diretores, presidentes e colaboradores. Sem eles, nada disso seria possível.

Posso dizer, sem falsa modéstia, que pelo fato de nunca ter me conformado com as adversidades, por ter sempre procurado um jeito de sair delas maior ou, pelo menos, mais experiente e mais sábio, tive uma vida plena. Não fiz essa caminhada sozinho. Mônica sempre esteve ao meu lado, assim como minhas filhas e, mais recentemente, meus netos. Além disso, estou cercado de ótimos profissionais que me ajudaram e seguem colaborando comigo. E assim quero continuar, enquanto Deus permitir que eu siga com minha capacidade de raciocinar e tomar as melhores decisões.

Reconheço também a sorte de ter nascido dentro de uma família que construiu todas as bases para que eu pudesse me desenvolver. Tive a sorte de me casar com a mulher da minha vida, ter duas filhas maravilhosas e cinco netos. Sempre fui orientado por alguma força maior a trilhar o caminho certo. Mesmo quando tive dúvidas de que rota seguir, normalmente escolhi a correta. O resto eu complemento com muito trabalho. E posso me considerar sortudo por gostar de trabalhar também, por que não?

UM AGRADECIMENTO ESPECIAL

Ao longo de meio século juntos, Mônica e eu tivemos várias fases. Primeiro a de jovens e recém-casados, quando estávamos cheios de energia. Eu já tinha uma rotina muito disciplinada, e Mônica sempre me acompanhou sem titubear. Sei que não foi fácil conviver com alguém que acordava de madrugada para trabalhar e tantas vezes abdicar da convivência social, mas ela sempre esteve ao meu lado com alegria.

Depois, nos tropeços que fazem parte, durante a fase de desentendimentos que tive, ela me apoiou, me deu forças, lutou comigo e foi meu porto seguro.

Por fim, ao longo de toda a vida, ela sempre me incentivou a realizar os meus sonhos, me impulsionando para a frente.

Obrigado, Mônica, por uma vida de amor e cumplicidade.

TIPOLOGIA Miller e Akzidenz
DIAGRAMAÇÃO Osmane Garcia Filho
PAPEL Pólen Natural, Suzano S.A.
IMPRESSÃO Lis Gráfica, novembro de 2023

A marca FSC® é a garantia de que a madeira utilizada na fabricação do papel deste livro provém de florestas que foram gerenciadas de maneira ambientalmente correta, socialmente justa e economicamente viável, além de outras fontes de origem controlada.